Más allá de lo Obvio

Dra. Christine Page

Más allá de lo Obvio

Trayendo la Intuición a Nuestra Conciencia

Grupo Editorial Tomo, S. A. de C. V.
Nicolás San Juan 1043
03100 México, D. F.

1a. edición, noviembre 2001.

Primero publicado en Gran Bretaña en 1998
por The C. W. Daniel Company Limited
1 Church Path, Saffron Walden,
Essex, CB10 1JP, United Kingdom

Nicolás San Juan 1043, Col. Del Valle
03100 México, D. F.
Tels. 5575-6615, 5575-8701 y 5575-0186
Fax. 5575-6695
http://www.grupotomo.com.mx
ISBN: 970-666-431-9
Miembro de la Cámara Nacional
de la Industria Editorial No. 2961

Traducción: Ana María Martín del Campo
Diseño de Portada: Luis Rutiaga
Viñetas, Diseño y Formación Tipográfica: Luis Rutiaga
Supervisor de producción: Leonardo Figueroa

Impreso en México - *Printed in Mexico*

Contenido

Dedicatoria

Al corazón de la humanidad y a aquellos que nos guían y nos apoyan en estos preciosos tiempos

Reconocimiento

A Pat Jarvis, por la corrección de pruebas de este escrito y su orientación amorosa

Capítulo 1

Introducción

Una travesía de miles de kilómetros
se inicia con un solo paso.

Del *Tao Te Ching*, **Lao-Tze, 500 a. C.**

Esta es una historia que se relaciona con un viaje extraordinario, un viaje de iniciación. Abarca muchas de mis propias experiencias, pero no trata exclusivamente sobre mí. Al cambiar los personajes, los escenarios y el diálogo, puedes descubrir que en realidad estoy relatando aspectos de *tu* propia vida, los cuales son profundamente personales y a menudo se encuentran ocultos, incluso para aquellos que consideras tus amigos más íntimos.

El viaje nos lleva a la esencia de nosotros mismos, donde nada está oculto, donde los límites creados por el hombre son innecesarios y donde estamos inmersos dentro de la fuerza creativa de toda la vida.

Nuestra guía en el camino es la *intuición*. Nuestra meta es incorporar esa intuición en nuestra conciencia. Esta amiga sin tiempo nos seduce a descubrir lo que, en algún nivel, siempre hemos sabido; ella es la serpiente que se come su propia cola, y donde el fin se convierte en el principio. El concepto humano del orden tiende a describir este viaje desde un punto de vista lógico, aunque en esencia ya hemos arribado a nuestro destino.

La intuición es como un observador amoroso. Es la parte sabia de nosotros mismos que formula una solución basada en su habilidad para asimilar toda la información disponible, a partir de las diversas funciones de la mente, lo cual incluye las percepciones psíquicas, la lógica, las emociones y los instintos. En algún nivel, es un reconocedor de lo valioso de todas las cosas, sin tener que juzgarlas, e incluso puede discernir el camino que traerá el mayor beneficio a todos los involucrados.

Por consiguiente, ha sido descrita como un *"intelecto sin miedo"* y como la *"síntesis de nuestros instintos, emociones y lógica"*. La conciencia que esto trae no es sólo un lujo frívolo, sino que se basa en el fundamento firme de la experiencia, así como en la habilidad para expresar y liberar nuestras emociones apropiadamente. De aquí la importancia de familiarizarnos totalmente con nuestros pensamientos y sentimientos, de manera que puedan trabajar en armonía con la intuición y no contra ella.

Conforme el canal dentro de nuestra mente se vuelve más claro, la intuición aparece en la superficie desde algún lugar, no observa una secuencia lógica de deducción y aun así provoca la expresión, *"¡Ajá!"*. Este *"conocimiento interior tal como existe en esencia"* lleva en sí tal sentido de certidumbre que, cuando confiamos en él y lo seguimos, nadie puede disuadirnos de nuestra ruta (cita de Alice Bailey, ver *Bibliografía*).

Esta certeza personal es el resultado de una transformación de la conciencia que lleva al peregrino desde el estado dormido del *descuido irresponsable,* a través de la fase emocional de *esperanza,* pasando por el paso lógico de *creer,* hasta alcanzar la meta última de *saber,* reflejando una guía interior pura.

La intuición no es exclusiva de la élite espiritual, sino que está disponible para todos los individuos y puede compararse a las señales de radio viajando por el aire, esperando que nos sintonicemos con su frecuencia particular. A menudo se menciona como una *corazonada* o un *sexto sentido,* aunque las personas por lo general prefieren llamarla *presentimiento,* y han aprendido, de sus experiencias pasadas, que es una fuente confiable de consejos valiosos.

La intuición está presente en el aire que respiramos, dentro de nuestro pensamiento más profundo, durante los momentos de ensoñación creativa y es la amiga enigmática, cuya chispa de comprensión nos aleja del peligro, y nos lleva a ciertas personas o situaciones, a lo cual llamamos sincronización.

Como estudiante de medicina de los años setenta, se me enseñó que el 80 por ciento de mi diagnóstico debería provenir de la historia de mi paciente, el 15 por ciento de mi examen médico y el 5 por ciento de las pruebas de laboratorio. ¡Cómo han cambiado los tiempos! En áreas como la neurología, se esperaba que tuviéramos un diagnóstico antes de que el paciente se sentara, con sólo observar su manera de caminar, su postura y cualquier otro indicio útil, pero a menudo sutil. En este entrenamiento altamente científico, mis profesores nunca hubieran dicho: *"Queremos mejorar tus habilidades intuitivas"*, pero eso es lo que sucedió.

Para el momento en que llegué a la práctica general, dependí de mi sexto sentido para reconocer al paciente seriamente enfermo, cuya historia era vaga e imprecisa, en especial al estar viendo 40 pacientes al día. Recuerdo haber aprendido *"escucha a la madre, ella sabe cuando su niño está enfermo, incluso cuando hay pocos indicios externos"*. Este sabio consejo me ayudó a reconocer más de un cáncer infantil en su etapa inicial, cuando el tratamiento todavía podía ser muy exitoso.

Desafío a cualquier médico o a cualquier otro profesionista de la salud a negar su confianza en la intuición para reforzar su diagnóstico clínico, aunque estoy totalmente segura que dirán: *"Uno sólo sabe estas cosas"*, lo cual por lo común sugiere una gran cantidad de experiencia mezclada con la importante "punzada" del saber interno.

Mientras viajamos hacia lograr una relación íntima con nuestra intuición, no es algo fuera de lo común desconfiar de sus mensajes, creyendo que le parecerán ilógicos a los demás, serán la fuente de ridículo o rechazo, nos separarán de aquellos que amamos, reproducirán una ligera demencia o nos llevarán al sufrimiento y al fracaso. Estas preocupaciones no son irracionales y realmente pueden aparecer a lo largo del viaje, pero cuando miramos más allá de estos temores, reconocemos los dones profundos que nos ofrece esta voz, *todavía pequeña*:

- Mejoramiento de nuestras experiencias en la vida
- La oportunidad para mirar más allá de lo obvio
- Claridad en la toma de decisiones
- Mayor habilidad para relacionarnos con otras personas en el nivel del alma
- Incremento de la comprensión del Plan Máximo
- El reconocimiento de que estamos contribuyendo con este Plan
- Realización y crecimiento acelerado del alma
- La habilidad para estar en el lugar y en el tiempo correctos
- La oportunidad para conocernos a nosotros mismos y por consiguiente a nuestro Creador

Como puedes ver, el desarrollo de la intuición no se relaciona únicamente con el mejoramiento de la destreza personal, el incremento de las habilidades psíquicas, con ser capaz de *"leer la mente de otras personas"*, con el propósito de mantener el control o con expandir las habilidades creativas para lograr triunfar en los negocios.

Estos son bonos que se ganan a lo largo del camino, pero que cuando los consideramos como las metas en esta travesía sagrada, limitan todo nuestro potencial.

La intuición posee las cualidades femeninas de conexión que nos enlazan, en diversos grados, con:

- El corazón de nuestro ser, nuestra alma
- El alma de cada persona sobre esta Tierra
- Todas las otras formas de vida, por lo común a través de un alma de grupo
- El mundo del espíritu
- El Creador, Dios, la Fuerza Universal de Vida o la Luz Eterna

Este conocimiento interior se canaliza principalmente a través de dos de los centros de energía, o *chakras*, dentro del hombre espiritual; el primero es el lugar de la resonancia del alma, el corazón, y el segundo, el asiento de la sabiduría dentro de la mente, el tercer ojo.

Meditación

Una de las claves principales para el desarrollo de un estado de intuición estable es la práctica de la meditación, la cual facilita la habilidad para calmar la mente del estado normal de *vocalización excesiva* y le permite colocarse en el momento presente. Todas las técnicas como la utilización de un mantra o una imagen, concentrarse en la respiración o crear un vacío dentro del campo mental, ayudan a la experiencia y se han usado durante miles de años por aquellos que han reconocido la naturaleza exigente de nuestro intelecto altamente desarrollado.

Aunque permitirle al cuerpo descansar ayuda a la creación de un espacio sagrado, está bien establecido que un estado meditativo también se puede inducir con éxito mediante el movimiento físico rítmico, como caminar o danzar, como se puede observar en los *derviches giratorios.*

La meditación nos proporciona el tiempo y el espacio para estar tranquilos. Aquí podemos recibir orientación a través de imágenes o palabras, o encontrarnos en un lugar donde podamos resonar con el tono y la frecuencia de nuestro espíritu puro. La mente y el cuerpo se regocijan cuando se les da la oportunidad de danzar al compás de su música eterna, permitiéndoles rechazar todas las otras notas inarmónicas para el alma.

Mirando mi vida retrospectivamente, puedo reconocer las diversas etapas de desarrollo de mi propio conocimiento interior, y aunque todavía soy una viajera, puedo ver los tremendos cambios que han ocurrido durante décadas, en especial cuando recuerdo haber emergido de lo que parecía ser una densa niebla a la luz brillante del sol, niebla que durante muchos años me hizo sentir confundida, desorientada y sin esperanza.

Dudo si existe algún punto final en este viaje, pues cada término aparente nos lleva a una dimensión mayor o más profunda en la espiral de la vida, a través de los ciclos continuos de orden y caos, construcción y destrucción, respiración y expiración. En este plano terrenal vemos esta sucesión de creatividad reflejada fácilmente, con gran parte de la naturaleza reconociendo la necesidad de permitir que alguna parte de sí misma muera antes de que el siguiente nivel de crecimiento pueda aparecer.

Incluso en los momentos más sombríos de nuestra vida o cuando estamos hundidos profundamente dentro de un mundo de problemas, los impulsos internos de la intuición persisten, enviando sus señales y proporcionando una línea vital hacia el alma, quien aprovecha el momento para detener y mover su enfoque de las imágenes de gravitación densa.

Conforme la luz eterna penetra las sombras, nos volvemos conscientes de un sendero serpenteante que se abre camino a través de una diversidad de retos y oportunidades, las cuales nos invitan a pulir nuestra habilidad de conocimiento interior, hasta que ésta se convierte en un *estado del ser* en lugar de sólo ser *otra función de la mente.*

Este es un peregrinaje chamánico donde el individuo se experimenta a sí mismo en toda su gloria, enfrentando sus temores y sus alegrías, y se mueve a través de los mundos de la ignorancia, las limitaciones, la ilusión, el glamour y el orgullo.

Existen muchas *sirenas* en el camino atrayéndonos hacia horizontes diferentes, no obstante, en sí mismas son un regalo que fortalece nuestra resolución interior para permanecer en la ruta.

En realidad no existe el tiempo y por lo tanto, a pesar de que podemos ser atrapados por su canción obsesionante durante meses, o incluso a veces durante años, existe la decisión de regresar a nuestra ruta, la cual es el mejoramiento del alma.

El viaje hacia la integración de la intuición consta de siete etapas:

1 **El Despertar:** La salida
2 **Expansión:** Asumiendo nuestro poder
3 **Liberación del Pensamiento:** Clarificando un camino a través de la mente
4 **Dominando la Voluntad:** El poder para dirigir la energía
5 **Tomando una Posición:** Decisiones basadas en nuestra verdad interior
6 **Librándose del Resultado:** Amor desapegado
7 **La Conexión Verdadera:** Uniendo el ego con el alma

Rara vez encontramos estas etapas aisladas; además, podemos encontrar que hemos completado la etapa 5 en nuestro ambiente de trabajo, sólo para continuar esforzándonos con la etapa 1 en nuestras relaciones personales. En otras ocasiones, ni siquiera podemos darnos cuenta que pasamos de una fase a la siguiente ya que no requirió ningún esfuerzo.

Habrá muchos *despertares* a lo largo de nuestra vida, según lleguemos a aceptar e integrar aquellas partes de nosotros mismos todavía en las sombras. La travesía no es una competencia sino más bien un proceso de iniciación que nos proporciona oportunidades infinitas para aprender, crecer y disfrutar la vida, mientras somos capaces de contribuir con la Conciencia Universal. Aunque la meta es funcionar desde nuestro conocimiento interior, es nuestra voluntad para participar lo que es más importante que la terminación del curso.

Según vaya describiendo las diversas fases, ofreceré algunos descubrimientos internos de mi vida personal, lo cual espero clarifique el mensaje, y actúe como un espejo para tus experiencias en tu vida. Así que antes de continuar permíteme hablarte un poco más acerca de mi persona.

Durante una visita reciente a mi madre, me mostró un antiguo álbum fotográfico de la familia, el cual estaba atestado con fotos color sepia de mis ancestros, posando para la cámara en la forma en que lo hacían en esos tiempos. Entre las fotos se encontraba una de la abuela de mi madre, quien con su pelo anudado cuidadosamente en la parte trasera de su cabeza y usando un vestido de terciopelo con cuello alto y mangas amplias, podía haber tenido cualquier edad. Miraba hacia la distancia y por un rato me perdí en sus pensamientos y en sus sueños.

Me pregunto que haría alguien que vivió mucho antes de las Grandes Guerras en las pintorescas tierras fronterizas de Escocia, con el ajetreo y el bullicio de esta era de alta tecnología. Mientras estudiaba su rostro, sospeché que habría enrollado sus mangas y atendido las necesidades prácticas del momento, mientras pronunciaba palabras de sabiduría, las cuales probablemente serían tan pertinentes a las personas de la actualidad como lo eran entonces.

Era una mujer adelantada a su tiempo, como también lo era su hija, mi abuela (a quien nunca conocí en este plano físico) y mi madre. Mi madre recuerda que pasaba los días de asueto con su abuela, la cual a menudo era llamada por el ministro o por el doctor para atender a alguna persona que necesitaba ayuda. Arquetípicamente, era la mujer sabia del vecindario, con una descripción ecléctica de su trabajo, que requería que cambiara de ser partera a consejera y a trabajadora social, e incluso a la persona que asistía en el momento de la muerte. No tenía un pelo de tonta y creía en hablar su verdad, aunque ésta siempre era predicada con compasión y generosidad.

En su labor incluía la habilidad femenina para apreciar los procesos místicos del nacimiento y la muerte, atreviéndose a entrar en el espacio interdimensional donde la voluntad del individuo se une con la voluntad de la Fuente. Antiguamente, las mujeres que atendían los nacimientos y las defunciones eran consideradas poseedoras de poderes sobrenaturales, y muchas de ellas fueron perseguidas y perdieron sus vidas debido a que decidieron no abandonar a aquellos que las necesitaban en estos momentos de transición.

Afortunadamente, en la época que mi bisabuela nació, a mediados del siglo XIX, la manera de pensar había cambiado y se le permitía continuar con su trabajo sin ser molestada. Cuando se retiró, el pueblo rindió honores al servicio que había brindado obsequiándole un bastón con el mango de una cabeza de león.

Le pareció natural a mi abuela continuar con estas tradiciones. Para entonces, la familia se había movido a los suburbios de Edimburgo y era una práctica común en el hogar de la infancia de mi madre tener la casa abierta para todos aquellos que requirieran un consejo saludable, un estímulo u hospitalidad cálida, la cual se ofrecía en especial, ¡en la víspera del año nuevo! Como ocurría con su madre, mucha gente buscaba su sentido común y sus opiniones, y no era algo inusual encontrar al *hacendado* dueño de la mansión, al ministro de la iglesia o a un vecino sentados a la mesa de la cocina discutiendo los asuntos del día.

Me sentí honrado de haber heredado estos preciados dones del linaje de mi madre, y reconocer que incluyen sabiduría, integridad, honestidad, curiosidad, amor y generosidad. Es fácil ver estas mismas cualidades en mi propia madre, quien ha vivido su vida con una fe inquebrantable aunque sencilla, generosidad de espíritu y como una buscadora constante de la verdad.

Cada una de estas mujeres tènía la habilidad para mirar más allá de lo obvio, para saber las cosas que todavía no habían sucedido en el plano físico, para ser compasivas aunque objetivas y para ofrecer ayuda más allá de sus propias necesidades personales. Como revelará este libro, estos son los ingredientes requeridos para trabajar con la intuición, donde unimos nuestra conciencia con la de otros mientras mantenemos nuestros pies firmes en el suelo y nuestro corazón conectado con la Fuente Eterna.

No obstante, para no perpetuar el mito de que la intuición es principalmente una prerrogativa femenina, permíteme agregar que mi padre poseía cualidades complementarias que me ayudaron a navegar por las aguas de la vida. Él era muy perceptivo, amoroso, totalmente dedicado a su trabajo y a su familia, diplomático y, lo más importante para una niña pequeña, muy divertido. Contaba los chistes más horribles, que por lo general se recibían con gruñidos, y no se desanimaba. Veía la vida como una aventura y era siempre el primero en subir una montaña, meterse en aguas desconocidas o intentar hablar un idioma extranjero cuando viajaba a otro país. Sin embargo, nunca esperó las mismas iniciativas de otras personas, contento si se encontraba a otro compañero pionero, pero siempre satisfecho con ir solo.

Su muerte relativamente repentina cuando yo tenía 17 años de edad, cambió mi vida por completo, y nunca sentí otra cosa que ser extremadamente privilegiada de que me hubiera proporcionado su inspiración, ánimo y amor durante los años formativos de mi vida.

La muerte nunca me atemorizó y solíamos bromear que a mis veintitantos años tendría más familia en el *otro lado*, que en este lado. El fallecimiento de mi padre fue aliviado por el hecho de que mi madre tenía una comprensión abundante del mundo psíquico o de la cuarta dimensión, y que yo había recibido personalmente evidencia valiosa de la vida después de la muerte, lo cual constituía algo irrefutable en mi mente.

Siempre fui muy afortunada de recibir orientación espiritual de mi padre, mis abuelas y otros seres que habían fallecido en mi familia. Mi padre hacía conocida su presencia mediante un suave toque en la parte baja de mi espalda, y luego oía sus pensamientos en mi mente. Puedo recordar que repentinamente comencé a comprender que, cuando la mayoría de los adolescentes preferirían que sus padres no estuvieran presentes, aquí estaba mi padre conmigo, ¡sin ser detenido por puertas cerradas!

A pesar de esta revelación, en todo el tiempo que pasamos juntos sólo recibí un gran amor y el reconocimiento de que soy totalmente libre para vivir mi vida por mi propia decisión, y que él no tenía expectativas o un plan escondido para mí. He experimentado este mismo amor imparcial de aquellos seres en el mundo espiritual, durante los más de 20 años de trabajo que he realizado en profesiones de servicio y ayuda, como las de médico, homeópata y maestra.

Recuerdo, que en varias ocasiones mientras escuchaba a algunas personas que creían que no eran amadas en lo absoluto por nadie y que se encontraban más allá de cualquier perdón, haberlas visto rodeadas por los colores brillantes del amor provenientes de aquellos que los cuidaban en el otro lado. El amor infalible de nuestra familia espiritual, a pesar de cualquier sentimiento o idea que tengamos acerca de como somos, se encuentra más allá de cualquier descripción, y veo este ofrecimiento incondicional como un intento de recordarnos que la tolerancia, la compasión y el perdón son dones que necesitamos recibir antes de ser capaces de brindarles lo mismo a otros.

Reconozco que parte de mi tarea es facilitar el paso de esta energía pura a través de las paredes de la devaluación de uno mismo, la desconfianza y el miedo, que tan a menudo hemos construido durante muchas vidas.

Mediante el amor y el respeto, estimulo la creación de un espacio sagrado donde las dimensiones puedan unirse y pueda ocurrir la curación verdadera, dentro de los rayos del arcoiris de la energía benéfica de la vida.

¿Y aquellos pies en épocas remotas
caminaron por las verdes montañas de Inglaterra?
¿Se vio al sagrado Cordero de Dios
en los placenteros pastos de Inglaterra?

William Blake, *Milton*, 1804-1810

Así que para completar la escena, ofrezco algunas de mis antiguas experiencias espirituales, las cuales ahora reconozco como importantes señales orientadoras en mi viaje intuitivo.

Entré a este mundo a mediados de los años cincuenta, cuando la paz y la esperanza invadían el planeta. Retrospectivamente, sé que nunca perdí conexión con el Mundo Espiritual, e incluso recuerdo que siendo una niña pequeña, al dormirme me encontraba en un cálido túnel brillante que me brindaba un gran confort, a pesar de que no comprendía su fuente o su gran importancia. Conforme fui creciendo, la misma experiencia comenzó a ocurrir en la meditación, y en la actualidad, asocio este lugar con sentimientos de inmenso amor, conexión del alma y expansión hacia los niveles multidimensionales.

Tuve la bendición de ser parte de una familia que tenía amplio criterio y en donde no era algo fuera de lo común que nuestra casa fuera el sitio para discusiones interesantes sobre asuntos esotéricos, OVNIs y medicina *marginal*, o medicina complementaria como se conocía en ese entonces. Haber nacido en Gran Bretaña me brindó la oportunidad de entrar a una tradición espiritual bien establecida donde el misticismo se expresaba a través de algunos de los individuos más respetados, dedicados y sencillos del país.

A través de la Asociación Espiritual de Gran Bretaña, fui muy afortunada cuando era niña de escuchar algunos de los más finos ejemplos de mediumnidad de trance (canalización) y de estar presente en acontecimientos psíquicos memorables. La manera más bien reservada en la que muchos de estos portentos se revelaban es típica de la reserva británica, pero detrás de este escudo palpita un corazón profundamente espiritual, relacionado con sitios como Stonehenge, Avebury, Glastonbury e Iona, así como los círculos mágicos de las cosechas, y representa el compromiso de las personas para ser los guardianes de esta *Isla Sagrada*.

Joan, la amiga de mi madre, fue una sanadora y la veo como una influencia estable y confiable en la evolución de mi vida espiritual, en especial en el campo de la salud. Nunca trató de convertir a otras personas a su sistema de creencias, pero cualquiera que la conocía sólo podía quedar profundamente impresionado por su dedicación, su gran simpatía y su maravilloso don de escuchar.

Durante mi entrenamiento médico, mi concentración estuvo comprensiblemente dirigida hacia la información extremadamente científica, la cual fue aprendida al estilo del perico. Joan fue mi salvación, manteniendo vivo mi conocimiento interior y recordándome que la verdadera vocación de un doctor consiste en nunca dejar de investigar formas de proporcionar alivio, cuidados y esperanza para aquellos que requieren ayuda. Mientras estaba en la universidad, ella desarrolló un tumor maligno en el seno y tomó la determinación de tratarlo naturalmente, aunque estuvo de acuerdo en la extirpación del tumor, si eso le proporcionaba un poco más de tiempo para mejora su salud general.

Rápidamente se volvió una experta en todas las formas de terapia que estaban disponibles. Su casa se volvió un centro natural de curación, con recipientes de plantas de trigo germinando, que llenaban su cocina durante una semana para ser seguidas por kilos de uvas que consumía con alegría como parte de una dieta diferente. Aunque tenía cáncer, vio esto como una oportunidad maravillosa para ayudar a otros y estaba ansiosa por compartir sus experiencias.

Entusiasta por probar todo, Joan y mi madre viajaron a las Filipinas para reunirse con los curanderos psíquicos que estaban atrayendo mucha atención en esa época. Estaban en un grupo inglés que incluía a muchas personas mortalmente enfermas y que quizá hacían este viaje como su última esperanza. Ante cualquier cosa que uno pueda pensar sobre aprovecharse de las personas, podemos decir que cada una de ellas iba por voluntad propia, y que mi madre recuerda ambientes llenos de energía con buen humor, actos de altruismo y un gran sentido de unidad de propósito.

Cuando Joan regresó para la cirugía del pecho, el cirujano se sorprendió al encontrar que el tumor ahora era benigno y tuvo la gracia de decirle a sus estudiantes de medicina que este caso había recibido *"un poco de ayuda exterior"*.

Muchos años después el tumor reapareció y en esta ocasión el tumor se propagó rápidamente en su cuerpo. Un día antes de su muerte la visité en el hospital; incluso con una respiración dificultosa su sentido del humor no se había desvanecido. Mientras le acomodaba sus almohadas me tomó por el brazo y con una sonrisa traviesa me dijo, *"cuando estén bajando mi ataúd a la tumba, me sentaré y diré 'ya pensé en otra cura'"*. ¡Qué valor y qué fortaleza de propósito!

Se le extrañó mucho cuando falleció, pero su determinación e inspiración quedaron grabadas para siempre en mi mente y en mi corazón.

Precognición

A pesar de estar rodeada de mucho amor y estímulo durante mi infancia, la vida no siempre fue fácil ya que mi sensibilidad y conocimiento interior exponían sentimientos, pensamientos e imágenes del futuro que no eran mías, y que a menudo me dejaban confundida y creyendo de alguna manera que era responsable de las personas implicadas.

Tal precognición puede sentirse como una carga pesada a menos que la información adquirida se pueda usar de una manera positiva. De hecho, he conocido a muchas personas que frecuentemente en sueños han recibido mensajes y advertencias de acontecimientos inminentes, y que quedaron tan aterrorizadas por la sensación de impotencia sobre lo que evocaron, que apagaron toda conciencia psíquica y de hecho se volvieron muy escépticos acerca del tema.

No creo que las habilidades psíquicas requieran que nos involucremos con el sufrimiento de los demás o que con el fin de comprender los procesos internos de alguien sea necesario sentir lo mismo en nuestro cuerpo. A menudo, ambas acciones pueden dejar al receptor agotado e incapaz de diferenciar entre sus propios sentimientos y los de aquellos que buscan su ayuda. Las habilidades psíquicas son instrumentos excepcionales que nos proporcionan información valiosa, pero que necesitan ser llevadas al nivel de la intuición, donde la claridad de pensamiento y el amor nos permiten responder de tal manera que todos resultan beneficiados en alguna medida.

Por mi parte, he aprendido a apreciar que no puedo cargar el mundo sobre mis hombros y, en la presencia de conocimiento previamente adquirido, ahora me puedo sentar tranquilamente, irradiando luz y amor a todos los involucrados.

Viviendo en la dimensión desconocida

Vivir físicamente con un pie en cada mundo y no estar totalmente asentada en ninguno, me ocasionó estar propensa a mareos severos, sensibilidad extrema a las luces estroboscópicas o destellantes y una deficiente apreciación espacial de mi cuerpo físico. En el aspecto positivo, fui, y todavía soy, muy afortunada de tener una excelente apreciación del equilibrio y la dirección, una memoria fotográfica y percepciones altamente sintonizadas.

Conforme me asentaba más cómodamente en mi encarnación, muchos de estos problemas se fueron suavizando y ahora puedo reconocer y ayudar a otras personas cuyo sexto sentido en desarrollo puede estar perturbando su equilibrio energético.

Corrientes del Kundalini

Otra sensación que tuve desde un principio, y que en la actualidad considero inspirada en el *kundalini*, fue experimentar una corriente de energía subiendo por mi espina, la cual me hacía estremecer y comentar que *"alguien me había causado escalofríos"*. Con el tiempo pude comprender que esta sensación era muy similar a un episodio orgásmico, y que ambos simbolizaban la unión entre nosotros y nuestro Creador. La experiencia continúa hasta el presente, y reconozco que ocurre cuando me doy cuenta de algo en lo más profundo de mi ser, si hay una gran emoción en el ambiente por un acontecimiento importante, una conexión total del alma, o cuando participo en actos espontáneos de altruismo.

El kundalini es la serpiente de energía que dormita en la base de la espina, esperando despertar y elevarse al sitio de la sabiduría en la parte superior de la cabeza. Esto ocurre brevemente durante un orgasmo sexual, pero sucede más lenta y permanentemente a través del desarrollo interno del alma.

En la antigüedad, las relaciones sexuales no se intentaban hasta que el individuo había aprendido a controlar su energía serpentina, la cual, al simbolizar a la voluntad, tiene la capacidad de ser tanto una fuerza creativa como destructiva.

Cuando la serpiente dance al compás de la melodía del alma, dejando a un lado la del ego, entonces el individuo podrá tener una relación sagrada y usar la energía creada sexualmente para curación y purificación personal, así como para contribuir a la conciencia universal.

En la mayoría de las culturas occidentales parece que hemos volteado de cabeza estas ideas, usando los dones sexuales para incrementar nuestro ego en lugar de disolverlo.

Es posible que el incremento en los niveles de infertilidad, impotencia y enfermedades transmitidas sexualmente, nos estén animando a revisar el propósito de las relaciones sexuales, y a averiguar si implican más que sólo la procreación de las especies.

Disociación

Por último, también recuerdo que en muchas ocasiones me ocurrió una disociación cuando dejaba a una persona y entraba a mi casa, mientras tenía conciencia de seguir caminando por la calle con ella. Esta habilidad con frecuencia se manifiesta en aquellos que están aprendiendo a moverse entre las dimensiones, aunque se corre el riesgo de nunca existir totalmente en algún nivel o de usar la disociación para evitar las situaciones difíciles, cuando enfrentarse a ellas sería lo más apropiado.

El futuro requiere que seamos capaces de mantener abierto el acceso a las señales multidimensionales, mientras que nos concentramos y desarrollamos aquello que en *este momento* es importante, lo cual incluye relaciones amistosas de apoyo mutuo, una condición de bienestar y una base financiera segura.

Conforme la mente humana se adapta para satisfacer estas demandas extras, cada vez estoy más consciente de más individuos que están teniendo problemas para contener estas energías, lo cual se manifiesta como epilepsia, enfermedad mental o bajo la forma de un tumor cerebral. Sin embargo, esta expansión de la conciencia y un funcionamiento más eficiente del cerebro **seguirán** desarrollándose debido al destino de la evolución humana y planetaria, y pueden facilitarse mediante la liberación de las antiguas creencias y las emociones estancadas, que limitan el funcionamiento creativo de la mente.

Nuestros niños tienen el conocimiento del futuro y la habilidad para hacer que se lleve a la práctica. Existe un verdadero llamado a los padres, maestros y demás personas conectadas con la Verdad Universal, para llegar a estas almas antes de que ¡olviden cómo soñar, jugar y creer que son invencibles!

El planeta y sus habitantes ya están comprometidos con un tremendo cambio de conciencia, que abarcará todos los sectores de la comunidad; desde la educación a la política, desde los tratamientos de salud a las familias y de la religión al cuidado del medio ambiente. Como individuos, se nos ofrece la oportunidad de resonar con estas nuevas vibraciones y de despertar el potencial completo de nuestra alma.

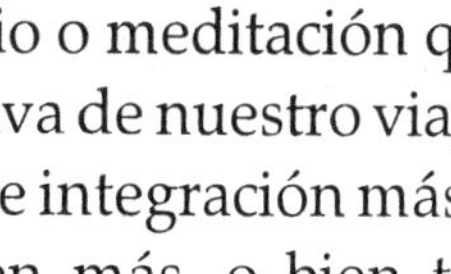

Para concluir este capítulo y también los subsecuentes, ofrezco un ejercicio o meditación que puede mejorar la calidad interactiva de nuestro viaje, al proporcionar una comprensión e integración más profundas. Te los puede leer alguien más, o bien tu puedes hacerlo lentamente. Sería provechoso mantener un registro de tus pensamientos y observaciones.

Meditación: Expandiendo la Visión

Ponte cómodo, cierra tus ojos.

Imágina que estás parado al pie de una montaña muy elevada.

Vuélvete consciente de la escena que te rodea; para algunas personas esto puede ser casas o la vida en un poblado, y para otras, árboles, arroyos o tierras con maleza.

Deja que tus sentidos aprecien los diversos colores, aromas y sonidos a tu alrededor.

Siente el sol o el viento en tus brazos y cara, y el suelo sólido debajo de tus pies.

Ves un sendero serpenteando hacia arriba de un costado de la montaña y decides ir por él.

La caminata es relativamente fácil y te pones cada vez más contento conforme subes a mayor altura.

Ahora estás mirando hacia abajo a las casas y árboles, los cuales parecen estar muy distantes.

Continúas subiendo.

Los animales y las aves se reúnen contigo en el camino y te acompañan por un rato.

Entonces, repentinamente, el sendero casi se oscurece por la niebla y las nubes y te angustias.

Pero en lo profundo de ti, tu guía interna te anima y pasas a través de las nubes y, repentinamente, destella el resplandor brillante de la fuerza de vida del sol a todo tu alrededor; y continúas subiendo.

Cuando llegas a la cúspide puedes ver a muchos kilómetros alrededor.

Dedica un poco de tiempo para mirar hacia el norte, el este, el sur y el oeste.

Tu visión es ilimitada y desde aquí puedes tener una perspectiva diferente del viaje que has emprendido. Mirando hacia atrás a la nube, ésta parece ahora tan pequeña e insignificante.

También puedes ver abajo el valle, y desde esta altitud puedes comenzar a comprender la vida que existe para ti en este nivel.

La cima de la montaña te proporciona una tremenda sensación de libertad y el conocimiento de que ahí no existen límites **externos** que te impidan alcanzar todo tu potencial espiritual.

Teniendo estos pensamientos en mente, es hora de dejar la cúspide y comenzar a bajar por el sendero.

Conforme desciendes, reconoces que tu visión se ha expandido y tu corazón se ha abierto, y al regresar de nuevo al valle sientes gran alegría y paz interior.

Cuando estés listo, abre tus ojos y anota cualquier pensamiento o sensación que haya aparecido durante la meditación.

Capítulo 2

Preparando el camino

Concédeme mi escudo protector de tranquilidad,
mi bastón de fe para caminar,
mi certificado de alegría, mi dieta inmortal,
mi botella de salvación,
mi ropaje de gloria, mi garantía de verdadera esperanza,
y entonces llevaré a cabo mi peregrinaje.

Sir Walter Raleigh,
El Peregrinaje Apasionado del Hombre, **1604.**

Ahora estamos listos para iniciar nuestro viaje. Hemos encontrado nuestro pasaporte universal, empacado las maletas y hemos puesto nuestra mirada en aprender a reconocer y confiar en nuestra intuición, de manera que luego de un tiempo se integre completamente dentro de nuestra conciencia.

La introducción nos ha proporcionado una apreciación fundamental del camino por delante, de forma tal que nuestra mente ya está anticipando algunos de los acontecimientos y los retos más importantes de la travesía, aunque muchos de los detalles se hayan omitido deliberadamente para que se pueda desarrollar la inspiración y la comprensión sin preconcepciones. Según nos volvemos a familiarizar con nuestra guía interior, la intuición, experimentamos una profunda sensación de familiaridad, ya que ella comparte con nosotros unos antecedentes muy extensos. Comprendemos que aunque seremos ayudados en toda nuestra travesía, habrá ciertos momentos cuando parecerá que estamos solos. Es entonces cuando pueden ocurrir los más grandes descubrimientos.

El siguiente paso es aprender las formas mediante las cuales la intuición nos tocará y nos llevará navegando a lo largo del sendero. Gran parte de las instrucciones se proporcionarán como indicios o mensajes sutiles, lo cual estimulará los sentidos, en especial el sexto sentido, volviéndose más perceptivos, mientras que también estimulará áreas de nuestro cerebro que han estado inactivas por mucho tiempo, debido a nuestra relativa apreciación superficial de la vida.

Ya sea que las señales surjan de nuestro mundo interior o del mundo exterior, su propósito es producir una vibración que resuene al unísono con nuestra propia verdad y que, esperamos, nos deje sin ninguna duda de su importancia. La intuición rara vez se expresa a través de arranques emocionales o exigiendo nuestra lealtad mediante una serie de *"deberías, debes, tienes"*.

Nos trae toda su sabiduría compasiva al hacer sugerencias claras y concisas mientras que deja totalmente en nuestras manos la decisión a seguir, ¡aunque no hay una promesa de que el mensaje no será expresado de varias maneras diferentes en el futuro!

De hecho, hay una actitud que se asemeja a *"tómalo o déjalo; realmente no me debe importar"*, lo que puede ser un poco molesto cuando la mayoría de tus decisiones en el pasado han sido el resultado de una reacción emocional a las opiniones de otras personas.

Entonces, te harás la pregunta: *"¿Cómo sé si es mi intuición y no es sólo mi imaginación?"* Por lo común respondo: *"Tu imaginación es el primer paso para escuchar a tu intuición y por ello debes seguirla tanto como puedas, mientras que te mantienes atento a las señales de tu sabiduría interior, ya que ellas te dirán cuando cambiar de dirección"*.

Así que cuando nos encontremos en una gran encrucijada en nuestro viaje, sintamos que estamos estancados o incluso perdidos, podemos buscar este punto de acceso a nuestra intuición, recordando que:

- La solución no siempre será como la esperamos.

- Al final la información no es importante, sino nuestra disposición para confiar en la sabiduría de nuestra guía interior.
- Es importante seguir el flujo de la energía hasta su final... y luego moverse y progresar con un nuevo impulso.

Habrá momentos para sentarse, para ser únicamente, para orar y apreciar el poder de la quietud, y habrá momentos cuando necesitemos levantarnos, actuar y convertirnos en peregrinos espirituales. La vida está relacionada con encontrar la unidad a través de la polaridad y las siguientes sugerencias posiblemente facilitarán la realización de este propósito.

Primero necesitamos reconocer nuestras señales intuitivas personales, las cuales pueden ser físicas, psicológicas o energéticas, e incluyen:

3 Hormigueo hacia arriba y hacia abajo de la columna vertebral.

3 Una corriente o flujo de calor por el cuerpo.

3 Hormigueo o presión en la parte superior de la cabeza o la base del cráneo.

3 Calor o presión en el corazón o sobre el tercer ojo.

3 Calor, vibración o "*mariposas*" en el plexo solar.

3 Una *sensación* de que las cosas *no están correctas,* a menudo acompañada por las señales que se dan arriba.

3 Una *fuerza interior* que no se puede rechazar.

3 Una *sensación de saber* o de *estar en lo correcto* en el fondo del alma.

Y finalmente el:

"¡Ajá!"
"¡Claro!"
"¡Siempre lo supe...!"
"Siento que está bien"
"¡Sí!"

Métodos para tener acceso a la intuición

¡Ay de mí! No tengo esperanza ni salud,
ni paz interior, ni calma alrededor,
ni esa alegría que sobrepasa a la riqueza.
Descubrió el sabio en la meditación.

Percy Bysshe Shelley, *Estrofas Escritas en Medio de la Pena,* cerca de Nápoles, **1818.**

Meditación

Ya se han explicado los beneficios de la meditación, y las palabras nunca pueden expresar las impresiones que surgen de cada parte sensible de nuestro ser cuando recibimos los impulsos provenientes de nuestra alma y pasamos a través de todas las dimensiones para unirnos con el Creador.

Aunque la meditación se practica mejor con una conciencia de la postura personal, la respiración y los pensamientos, muchas personas experimentan chispazos de este estado cuando su lóbulo cerebral izquierdo está ocupado con una acción repetitiva, y el derecho, a través del cual pasan los impulsos intuitivos, queda abierto y receptivo.

Las actividades como lavar, planchar, bañarse, rasurarse, cuidar el jardín y sacar a pasear al perro son perfectas para la contemplación, lo que me hace preguntarme si la demanda creciente de grupos de meditación se debe parcialmente, ¡a los aparatos que ahorran trabajo! Podría añadir el conducir un auto a esta lista ya que esta actividad por lo común inspira a la reflexión, no obstante no promuevo la meditación mientras estás al volante, ya que es preferible que tu lóbulo izquierdo esté en pleno control, ¡en especial cuando conduces cerca de mí!

La meditación reduce la actividad de las ondas cerebrales, llevándolas a estar en armonía con el ritmo de nuestra Madre Tierra y mejorando la curación del cuerpo, la mente y el espíritu. En verdad, es un proceso dinámico y mientras más fuerte sea nuestra conexión con nuestra esencia espiritual a través de la intuición, más se vuelve la meditación una forma de vida, en lugar de algo que necesita ajustarse a nuestra rutina diaria.

Imágenes Visuales. Esta forma activa de meditación nos brinda una serie de imágenes o escenarios que despiertan recuerdos, pensamientos sepultados profundamente y perlas de sabiduría, permitiéndoles entrar en nuestra conciencia, de forma que podamos trabajar con ellos o únicamente darle un reconocimiento a nuestra propia verdad interior.

Nuestra intuición la encuentra como una forma muy favorable de relacionarnos con nosotros mismos, ya que el proceso requiere que extendamos nuestros límites de comprensión, de manera que podamos apreciar por completo la naturaleza ingeniosa del mensaje.

Todos tenemos la capacidad de visualizar, aunque los resultados dependerán del modo principal a través del cual percibimos el mundo, ya sea visual, auditivo, cinestésico, olfatorio o gustativo. Ya que la mayoría de la población es visual, ha existido la tendencia a generar ejercicios de meditación basados en esta modalidad, aunque no es algo fuera de lo común que otras personas tengan acceso a otros sentidos durante una sesión.

Las imágenes visuales se transmiten en la misma red de nervios que nos permiten fantasear, soñar despiertos y usar nuestra imaginación. Si ellos han sido, de alguna manera, suprimidos durante nuestros años de formación, entonces la visualización puede resultar difícil, ya que el lóbulo izquierdo de la lógica habrá sido programado para revisar cada pensamiento, ¡en lugar de permitir cualquier brote espontáneo de pensamiento creativo!

A veces las imágenes de nuestro subconsciente pueden ocasionar cierta perturbación y podemos tratar de eliminarlas de nuestra mente, no obstante, **nada llega a nuestra mente a menos que tengamos las herramientas para hacernos cargo de la situación**, la cual, podría decir, es real para los acontecimientos de la vida. Así que sugiero que antes de que comiences con los ejercicios de imágenes coloques a tu lado una libreta en que escribir o un cuaderno para dibujar, para que al final de la sesión puedas registrar todas las impresiones que hayas recibido.

No siempre es necesario o apropiado interpretar los resultados de inmediato y a menudo es benéfico escuchar las opiniones de algún amigo en el que confíes y respetes. En realidad, incluso si decidimos abandonar la experiencia, cualquier respuesta emocional que surja actuará como un catalizador y comenzará un proceso de transformación en lo profundo de nuestro ser.

Las meditaciones que ofrezco al final de ciertos capítulos son, de hecho, ejercicios de visualización de imágenes; sin embargo, por favor, siente la mayor libertad de utilizar cualquier modalidad que desees para tener acceso a tu intuición.

Sueños

No sé si entonces sólo era un hombre soñando
o una mariposa,
o si ahora soy una mariposa soñando que soy un hombre.

Chuang Tzu, filósofo chino. **369-286 a. C.**

Los sueños siempre se han visto como una forma en la que el alma puede hablarle al yo inferior. La mayoría de los sueños ocurren en el plano astral de la existencia, donde no hay tiempo o espacio finitos y donde existe una rica fuente de combustible emocional. Este es el mismo nivel de conciencia en el que se lleva a cabo la sensibilidad psíquica y por lo tanto, aquellas personas con una conciencia psíquica bien desarrollada tienden a estar más sintonizadas con sus sueños.

En Epidauro, Grecia, los sacerdotes curanderos reconocían el poder de los sueños y les daban pociones poderosas a sus pacientes antes de ponerlos a dormir en el templo. Al despertar, todos los sueños serían registrados con el beneficio del análisis experto y posteriormente representados por actores profesionales en un magnífico anfiteatro donde el paciente tenía la ventaja de ser parte de la audiencia.

De esta forma, se convertía en un observador objetivo de su subconsciente, imitando la función de la intuición y siendo más capaz de comprender el significado del sueño en relación con el propósito de su alma.

Los más reconocidos psicólogos de principios del siglo XX aceptaron la riqueza de información disponible a través de los sueños, aunque, mirando retrospectivamente, es muy probable que lo mejor es dejar la interpretación al soñador. Existen muchas personas que no pueden recordar sus sueños y que incluso pueden negar su existencia. Para poder conocer todos nuestros sueños, en preparación, antes de dormirnos podemos pedirle a nuestra guía interior que nos ayude a recordar la experiencia.

He conocido a muchas personas que desconectaban su conciencia luego de un sueño terrorífico o después de que se les decía que *"dejaran de fantasear"* y que *"vivieran en el mundo real"* (lo que sea que signifique esto). En la actualidad se vuelve cada vez más notorio que soñar es una herramienta esencial para el bienestar total, y que además funciona en muchos niveles, incluyendo:

1 **La habilidad para liberar de la mente la información excesiva** en un banco de memoria pequeño, pues de lo contrario se sobrecargaría el sistema. Con frecuencia, en este nivel el sueño es caótico e incluye personas que por lo común no se encuentran en la vecindad. Las actividades durante la noche pueden ser agotadoras, en especial si tratas de desenredar la confusión. *¡Así que sólo déjalas pasar!*

2 **La oportunidad de traer a la superficie una preocupación subconsciente y recibir la sabiduría del alma**. Por mi parte, sé que si necesito escuchar un mensaje específico, despierto de mi sueño al romper el alba o despierto alrededor de una hora más temprano y entro en un estado de sueño vívido, el cual es fácil de recordar posteriormente. Muchos de estos pensamientos permanecen conmigo durante todo el día hasta que estoy plenamente consciente de su significado.

Es algo común reconocer a ciertas personas en nuestros sueños y luego pensar que cualquier mensaje se relaciona con ellos. Sin embargo, recuerda que este es nuestro sueño y que, la mayoría de las veces, simplemente se nos muestra un aspecto de nosotros mismos, reflejado en el otro individuo. La misma analogía se aplica a los objetos y los acontecimientos que se nos muestran como un reflejo de una parte de nuestra naturaleza; por ejemplo, una casa por lo general representa el lugar en donde reside nuestra alma, y el agua un estado emocional. Al recordar, a menudo es de utilidad reflexionar sobre estos objetos para extraer su significado en nuestras vidas.

Si tu memoria onírica no es tan activa como la mía, será de utilidad tener un cuaderno y un lápiz a un lado de tu cama para que al despertar de inmediato puedas escribir algunas notas antes de permitir que la mente se concentre en el día por comenzar. Trata de escribir todos los pequeños detalles, incluyendo los calificativos y tus sentimientos, ya que estos contienen la energía esencial dentro del mensaje. Puede ser de utilidad pedirle a otra persona su opinión acerca de tus sueños, pero teniendo en mente que tú eres la fuente del relato. También es divertido encontrar a alguien con quien puedas compartir tus sueños de manera permanente, un *socio de sueños*, para que juntos puedan compartir, madurar y ofrecerse apoyo mutuo.

3 **Encontrarse con alguien con quien hay desarmonía o asuntos sin finiquitar**. A veces puede ser difícil resolver un asunto cara a cara, incluso cuando es el momento adecuado. Por consiguiente, antes de dormirte, pídele a tu sabiduría interna la oportunidad para reunirte con esta persona en tu sueño y permitirles a ambas

almas tener comunicación, sin la interferencia de sus personalidades, y con la esperanza de encontrar una solución al problema.

4 **Los medios mediante los cuales podemos viajar a través de las dimensiones**, encontrándonos a menudo con miembros de nuestra familia o con seres queridos que han fallecido. Una vez más, esto puede ser un momento para finiquitar asuntos personales o para comunicarse sobre temas que se quedaron sin tratar. En muchas ocasiones, el individuo del mundo espiritual parece más joven y en completa salud, sin ninguno de los problemas físicos que padeció antes de abandonar esta Tierra. Esta visión puede conducir a una sensación maravillosa de plenitud y gratitud al reconocer la naturaleza transitoria de la forma física, en relación con la escena espiritual mayor.

Al despertar, quizá sólo recordemos una dulce sensación de paz o una impresión familiar y fallemos en recordar el poderoso encuentro ocurrido durante la noche.

5 **Viajar a lugares donde adquirimos conocimiento** que no está a nuestra disposición en este plano terrenal, pero que nos ayuda a ser más eficientes en nuestras vidas diarias. Al mismo tiempo hay un intercambio de información donde compartimos con el mundo abstracto la

sabiduría de nuestras experiencias, contribuyendo a la conciencia colectiva del grupo.

Desde luego, esto nos trae la pregunta sobre el origen de aquellos que contactamos, siendo necesaria una distinción entre los guías espirituales y los seres extraterrestres. Desde mi punto de vista, todos hemos sido extraterrestres alguna vez y regresaremos a esa condición a nuestro fallecimiento. Parece ser bastante probable que nuestra alma encarne en otros planetas, en otras galaxias o incluso en otros universos, pues si el Gran Plan dependiera únicamente de aquellos seres en la Tierra manifestando el espíritu en la materia, ¡entonces se llevaría una gran cantidad de tiempo!

Muchos de estos sueños no llegan a alcanzar la conciencia de vigilia al despertar, aparte del recuerdo vago de estar en algún lugar lejano, principalmente debido a que nuestra mente lógica tiene dificultades para integrar y verbalizar la experiencia. Así que la información es almacenada en las profundidades de nuestro subconsciente, desde donde empieza a brotar lentamente a nuestro pensamiento diario a través de la intuición, y aparece como un pensamiento inspirado sin ninguna liga aparente con nuestra situación actual.

6 **Ataque psíquico** en donde te encuentras con las energías perturbadoras de otro ser del reino

astral. Estos sueños pueden ser muy alarmantes y vívidos pero por lo general hay una parte de ti mismo que está en guardia y te protege de un daño real. Necesitan diferenciarse de una pesadilla donde el contenido tiende a relacionarse con algo que estaba presente en el estado de vigilia, como observar acontecimientos atemorizantes en la televisión.

El ataque psíquico será discutido en mayor detalle en un capítulo posterior.

7 **Sueño lúcido**. Es un tema que está ganando mucha atención en este momento y que se describe como la habilidad de *saber que estás soñando mientras estás soñando*. Los individuos experimentados en este campo poseen una visión clara, una orientación correcta en la vida, excelentes poderes de razonamiento y pueden llevar a cabo a voluntad actividades que fueron acordadas antes de irse a dormir. Por ejemplo, uno de ellos decide que cuando esté *consciente* de sí mismo en el sueño, llevará a cabo ciertos movimientos de ojos que pueden ser evaluados por un observador.

He tenido la suerte de experimentar momentos breves de sueño lúcido, principalmente durante sueños desagradables en donde fui capaz conscientemente de desviar el curso de los acontecimientos hacia algo menos estresante. Esta habilidad para utilizar nuestra voluntad para manifestar o eliminar objetos o acontecimientos mientras dormimos refleja nuestras habilidades creativas en la vigilia, y probablemente está ayudando a disolver la barrera mental de la ilusión que divide nuestras experiencias físicas y psíquicas. La otra característica de este don es ser capaz de desafiar lo que es lógico dentro del mundo molecular, de forma tal que no sólo *volamos* en nuestros sueños, sino que *sabemos* cómo podemos volar, y podemos manifestar esto conscientemente como parte del sueño. Mientras flotamos por encima de la Tierra, cambiamos nuestra percepción de la vida, de la que elaboramos en nuestras experiencias pasadas a aquella que está en sintonía con nuestro potencial espiritual completo.

8 **Un sueño precognitivo** es aquel donde la información sobre acontecimientos futuros se vuelve disponible. Como se discutió previamente es sabio enviar Luz y Amor a todos los involucrados y estar consciente de que los acontecimientos pudieran no manifestarse exactamente como se revelaron en tus sueños, sino que podrían ser una representación simbólica, por ejemplo, una muerte puede reflejar la terminación de una fase en lugar de un fallecimiento físico.

9 **Un viaje místico** donde, dentro de la Luz, experimentamos amor puro, la belleza de la

conexión total y la habilidad para conocernos completamente. Este estado de dicha existe dentro de todos nosotros, el reto es manifestarlo plenamente en nuestra vida diaria.

Naturaleza

Muchas razas indígenas dependen de los reinos de la naturaleza para transmitir mensajes del mundo espiritual a la tribu o al individuo, comprendiendo que cada una tiene una contribución diferente que ofrecerle a la Madre Tierra. Así podemos observar que los aborígenes australianos creen que son uno con la tierra, mientras que los nativos americanos se ven a sí mismos como los guardianes del planeta, trabajando en armonía con todos los aspectos del mundo natural, incluyendo los cuatro elementos y el reino mineral.

Estas culturas, en sintonía con el ritmo de la Tierra, encuentran extraño que los países aparentemente desarrollados, hayan abandonado esta relación y que tiendan a tratar cualquier forma de vida que no sea humana como a un ciudadano de segunda categoría.

Todavía muchos de los cuentos de nuestras "abuelas" hablan de una habilidad para leer los mensajes de nuestro medio ambiente, incluyendo los hábitos para anidar de las aves, el color del cielo, la dirección de los vientos y los intentos de la naturaleza para proporcionar alimento en un invierno difícil, produciendo arbustos cargados de bayas.

El Reino Animal. Muchas de estas antiguas razas creen que todos estamos conectados a ciertas especies de animales, aves o insectos, los cuales se conocen como nuestros animales *totem* y que, como resonamos íntimamente con sus vibraciones, recibimos nuestros mensajes intuitivos más confiables mediante esta fuente. Un viaje chamánico se inicia invocando al animal aliado en la meditación, y pidiéndole que viaje con el peregrino, proporcionado ayuda y guía a lo largo del camino.

Quizá ya estés familiarizado con un amigo y guía como éste, ya sea en forma física o en tu mundo interior, sintiéndote seguro cada vez que estás en su presencia (aunque otras personas puedan considerarlo como un animal peligroso). Con frecuencia aparecerá en los momentos en que le solicites ayuda en tu camino, brindándote las cualidades que posee para facilitar tu viaje, por ejemplo, fuerza (león), sabiduría (búho), alegría (delfín).

¿Hacia qué especies de animales te sientes atraído?

Por mi parte, incluso cuando era una niña pequeña, me sentía fascinada por las serpientes; recuerdo que durante una travesía por las llanuras desérticas de Australia, de repente surgió una serpiente de atrás de una roca y se escurrió por entre mis piernas, donde permaneció por unos momentos para luego desaparecer de nuevo en el desierto. Me sentía totalmente tranquila aun cuando el vaquero que nos acompañaba me dijo que a pesar de su tamaño modesto, ¡mi *amiga* tenía un veneno de los más ponzoñosos!

Recuerda que el animal no siempre podría aparecer ante ti con una forma *viviente*, sino que pudiera preferir atraer tu atención apareciendo en anuncios, en cubiertas de libros o ¡como el nombre de algún producto popular! Estos conceptos pudieran requerir que suspendas tu mente racional por un momento, y sugiero que lo hagas ya que te estarías perdiendo una fuente poderosa de conexión con tu intuición si rechazas el reino animal.

El Reino Vegetal. Los árboles también juegan un papel especial en nuestro viaje. Aparte de la fuerza que nos transmiten cuando nos recargamos en ellos y la ayuda que ofrecen a través de sus poderosas raíces, cada árbol tiene sus propias cualidades en particular, según se aprecia en la obra de *Remedios de Plantas*.

También puede haber una flor en particular hacia la que nos sentimos atraídos y descubrimos que la llevamos a casa cada vez que estamos contentos o cuando hay una ocasión para festejar. Como sucede con la música, nuestros diversos estados de ánimo requieren diferentes frecuencias de color y vibración, las cuales son ofrecidas de manera natural por el reino vegetal. En el presente, hay un interés creciente en las *esencias de flores* en todo el mundo, que refleja la relación íntima que se está desarrollando entre la humanidad y este maravilloso reino de la naturaleza.

El Reino Mineral. El reino mineral siempre se ha relacionado con lo místico, ya sea a través de los círculos de piedra de la antigüedad o mediante las bolas de cristal del adivino de la suerte. Pero su contribución real está saliendo a la luz sólo recientemente.

Las piedras contienen los secretos de sus orígenes y, como los cristales, son capaces de retener las vibraciones del pensamiento y liberarlas cuando se da la señal correcta. Ha llegado el tiempo de que las piedras comiencen a hablar. Nuestros ancestros veían el reino mineral como el lugar perfecto para almacenar su conocimiento, ya que sabían que la avaricia del hombre ignoraría estas piedras que no eran preciosas, prefiriendo la riqueza del oro y la plata.

Es tiempo de despertar al verdadero origen de nuestras especies y aceptar nuestro papel como co-creadores de este planeta y como contribuyentes importantes al Plan Universal. El reino mineral está deseoso de abrir las puertas de su *biblioteca* si nos acercamos a él con genuino respeto, honor y humildad. Así, la siguiente vez que te sientes en tu roca favorita, en una cueva especial o dentro de un sitio sagrado, crea un momento de quietud y deja a un lado tus ansiedades. Entonces abre tu corazón y tu mente y ofrécete a ti mismo como un mensajero para tus ancestros y, quizá, oigas hablar a las piedras.

Otro punto de vista de la función del reino mineral para expandir la conciencia humana nace de la evidencia reciente acerca de los círculos de piedra, las rocas verticales y las cuevas sagradas. Ésta revela que estas formaciones de piedra generan un campo de energía que, cuando se entra en él, estimula el cerebro para producir imágenes idénticas, incluso en individuos diferentes, tanto en el sueño como en la meditación.

Esto sugiere que la geometría sagrada de las piedras y el patrón particular que forman, más las líneas de energía subyacentes dentro de la Tierra, proporcionan el sitio perfecto para la estimulación de la mente, en especial en aquellas áreas relacionadas con el simbolismo, la intuición y, probablemente, con la comunicación interdimensional.

Espacio Sagrado. Dondequiera que vivamos, la naturaleza, incluyendo al sol, la luna y las estrellas, es clemente, no es exigente y siempre está presente. Estoy segura que hay un cierto lugar al que vas cuando necesitas pensar, encontrar un espacio agradable o sólo relajarte. Incluso puedes tener un árbol en especial, un arroyo o una roca que siempre parece darte la bienvenida y que, cuando vocalizas tus pensamientos, parece ser capaz de proporcionarte un espacio sagrado para que tus respuestas surjan a la superficie. Incluso cuando visitas mentalmente este lugar, emana la misma sensación de quietud, seguridad y certidumbre.

Si no puedes pensar en un lugar específico, espera hasta que el reino de la naturaleza te haga un llamado... no lo forces. Algunas personas pueden utilizar la varita adivinatoria o un péndulo, pero es preferible convertirte en tu propia varita mágica, permitiendo que tu cuerpo de energía te lleve a lugares que hagan eco con la esencia de tu alma. El ejercicio al final de este capítulo te ayudará a encontrar tu espacio sagrado.

He aprendido mucho de los reinos de la naturaleza y te ofrezco algunos de los mensajes que he recibido:

- En una ocasión en que intentaba encontrar mi propia verdad, caminaba en medio del jardín más hermoso, cuando el jardinero me mostró una hilera de árboles que había plantado, esperando formar una valla sólida. Sin embargo, se había decepcionado mucho al descubrir que la tarea había sido más difícil de lo que había imaginado en primer lugar, ya que los árboles insistían en mantenerse individuales y por ello requerían una poda constante para poder mantenerlos alineados.

Repentinamente se me ocurrió que ésta era mi historia. Quería ser individual pero me mantenía a mí misma cortándome y reduciéndome de tamaño con el fin de adaptarme. Mediante este descubrimiento adquirí la determinación de defender mi propia luz.

- Planté una buena cantidad de semillas en el jardín y luego estuve tan ocupada que olvidé regarlas. Un día sentí lástima por los retoños y usé una manguera para aliviar su sufrimiento. Mientras el agua humedecía la tierra, comenzó a llover. *"Qué suerte la mía"*, pensé, *"Podía haberme ahorrado algo de trabajo"*. De inmediato recibí un mensaje interior que decía: *"No puedes plantar semillas de ningún tipo a menos que estés dispuesta a cultivarlas"*.

Me di cuenta que debido a las muchas horas pasadas en el trabajo, con frecuencia descuidaba las ideas que había sembrado en mi mente y que nunca me daba tiempo para analizarlas. No sólo dejarían de crecer debido a mi desatención, sino que sabía que mi llama interior también comenzaría a apagarse.

Viajamos grandes distancias para escuchar la sabiduría de Maestros, Gurúes y Guías cuando alrededor de nosotros están algunos de los más grandes Maestros del mundo, si sólo tuviéramos el tiempo suficiente de detenernos, observar y escuchar.

Las artes

Las artes, como la pintura, la escultura, la danza, el teatro, la poesía, la música, la literatura, el relato y el canto, siempre se han visto como los medios para tener acceso a los lugares más profundos de la mente, principalmente al estimular la actividad del lado derecho del cerebro. Se sabe que el lado derecho del cerebro está asociado con la intuición, las emociones, la creatividad y la inspiración, que cuando trabajan en armonía con la lógica del lado izquierdo del cerebro, nos proporcionan la oportunidad para funcionar como un ser espiritual consciente.

En la actualidad, muchas formas de terapia que se usan en los hospitales y en la comunidad giran alrededor de estas modalidades, en especial el teatro, la música y el arte, y todas ellas han probado ser benéficas para promover una sensación de bienestar aunque sea por corto tiempo.

Parece que las artes tienen dos formas de acción:

1 **Evocar recuerdos y emociones.** En la mayoría de los casos, los recuerdos y las emociones son positivas y abrirán la puerta al pensamiento creativo espontáneo y a la oportunidad de recordar momentos de felicidad y dicha. En otras ocasiones, los sentimientos que aparecen pueden ser estresantes y el individuo puede requerir tratamiento profesional. Sin embargo, por lo común su liberación conduce a una mayor claridad mental y a la libertad de avanzar por nuestro camino bajo la guía de un impulso intuitivo más fuerte.

2 **Fortalecer nuestro lazo con nuestra intuición y otros planos de conciencia**. No importa si te consideras a ti mismo un artista o no, todos somos creativos a nuestra manera.

Cada vez que te sientas bloqueado, necesites confirmación sobre un problema o quizá te sientas tan abrumado que no sepas qué camino escoger, encuentra una hoja de papel grande y algunos crayones y comienza a *dibujar* tus sentimientos, pensamientos y aspiraciones. No pienses acerca de ello o intentes analizar los resultados hasta el final, sólo continúa hasta que de manera natural sientas que es tiempo de detenerte. (También podrías usar barro y esculpir, narrar la historia o escribirla).

El mismo acto de expresión estimula el lado derecho de tu cerebro y abre la puerta para que fluyan los impulsos intuitivos. Cuando hayas terminado, retírate un poco y, sin ninguna lógica o juicio, deja que surjan tus primeras impresiones:

- Si otra persona te mostrara esto, ¿qué sugerirías que trataba de decirte?
- Si tienes un amigo objetivo, confiable, pídele su opinión.
- Si nada se te ocurre, pon a un lado el dibujo y recuerda que ahora la intuición tiene una imagen más clara de tus pensamientos y por lo tanto proporcionará una orientación más adecuada cuando sea el momento correcto: **¡Así que permanece alerta!**

Cualquiera que sea el método que escojas recuerda que la actividad del lado derecho del cerebro nos pone otra vez en contacto con nosotros mismos, nos ayuda a ver nuestra situación actual en perspectiva y reestablece nuestra posición dentro del conjunto de la Conciencia Universal.

Nuestro cuerpo

Nuestro cuerpo es nuestro mejor amigo, aunque hay ocasiones en que piensas que te ha abandonado. Es nuestro templo sagrado que actúa como el vehículo a través del cual nuestra alma encarna en esta Tierra. También es uno de nuestros más poderosos centros de comunicación para nuestra intuición ya que, cuando el cuerpo está tenso, por lo común somos forzados a escuchar.

Sin negar la necesidad de tratar el cuerpo con alguna forma de terapia que sea pertinente en algún momento, el fracaso en reconocer el enlace entre la mente, el cuerpo y el espíritu siempre significa que la medicina ortodoxa de la actualidad sólo puede proporcionar medidas de *primeros auxilios.*

Los mensajes de ciertas enfermedades desde un punto de vista psíquico-espiritual están bien documentados en mi libro *Las Fronteras de la Salud,* no obstante, sugiero varias formas en que la intuición se expresa a sí misma:

1 **Mediante el sitio particular de la enfermedad.** Hazte la pregunta, sin que sea necesario tener algún conocimiento médico. ¿Qué significa para mí este órgano o sistema? ¿Cuál es su función? ¿Esta enfermedad en esta área puede tener algo que ver con mi vida en general?

Por ejemplo:

- ¿Te estás sintiendo muy abrumado por una situación en particular? (*Indigestión*).
- ¿Te sientes sin apoyo y atemorizado de moverte? (*Dolor en la espalda baja*).

- ¿Tu corazón ya no está apasionado por tu trabajo? (*Ataque cardiaco*).
- ¿Te sientes bloqueado e incapaz de expresarte? (*Estreñimiento*).

2 **Mediante las palabras que utilizas para describir la enfermedad.**

Por ejemplo:

- "Me siento como atado en nudos". (*Síndrome de intestino irritado*).
- "Es como si estuviera cargando el mundo sobre mis hombros". *¿Lo estás cargando?*
- "Siento como si tuviera un nudo en la garganta". *¿Hay algo que necesita expresarse?*

3 **Mediante el reconocimiento de los efectos de la enfermedad.**

- *¿Qué te impide lograr o intentar esta enfermedad? Esto puede ser positivo o negativo.*
- *¿Qué harías si estuvieras sano?*
- *¿Qué ventajas se te han presentado desde que estás enfermo?*

Por lo común es inapropiado preguntar esto durante la fase aguda o en las primeras etapas de una enfermedad, pero las preguntas y las respuestas se pueden efectuar de manera retrospectiva.

¿Cómo has cambiado o qué cambios han ocurrido en forma positiva desde que te enfermaste?

En la niebla del sufrimiento a menudo es difícil ver la realidad de las cosas pero, desde el punto de vista del alma, la enfermedad puede ser su única forma de atraer tu atención. Una vez que consigue ésta, la enfermedad ha cumplido con su función. Desde luego, todavía tenemos que enfrentar las consecuencias de esto, pero en mi experiencia existe una gran tendencia a concentrarse en lo que está mal y a dejar de notar los cambios positivos que pueden estar ocurriendo sutilmente. Es algo natural hacer todo lo que esté de nuestra parte para recuperar la salud por completo, pero si nuestras acciones están basadas en el miedo entonces nuestra recuperación será lenta y estaremos mirando constantemente sobre nuestros hombros para ver si la *enfermedad* nos está siguiendo.

Mirando hacia adelante, podemos concentrarnos en lo que queremos en la vida, y ver la enfermedad como lo que representa, *una llamada de advertencia*. Al modificar nuestra concentración es mucho más fácil escuchar los mensajes de nuestra intuición, lo cual puede mejorarse mediante el uso de la imaginación, la creación de imágenes, y el diálogo interno.

Otras personas

Necesitaríamos estar muy seguros de nosotros mismos para poder avanzar basados en nuestras intuiciones sin probarlas primero, comentándolas con familiares, amigos e incluso personas que conozcamos casualmente, reconociendo que el tono de nuestra voz y nuestra presentación afectarán en gran medida la respuesta:

"¿Qué piensas de esta idea?"

"Pienso hacer esto pero no estoy muy seguro".

"Supongo que pensarás que es ilógico".

"¡Tuve una gran idea que sé que funcionará!"

Nadie más detiene nuestro flujo creativo; si vivimos con temor al cambio, el fracaso, el éxito, el rechazo y lo desconocido, atraeremos hacia nosotros personas que reflejarán nuestro propio miedo y entonces los culparemos por retrasarnos o por no apoyarnos.

Cambia tu actitud y esto cambiará la respuesta que recibas de los demás.

Y recuerda que tu *mejor amigo* con frecuencia es la persona que te dice la verdad, ¡aún cuando esto no sea lo que querías oír!

A esto le llamo el efecto *"ay"* porque sus palabras resuenan muy profundo y no pueden ser negadas.

La Verdad vence al final

Otra ventaja de usar a otras personas para comunicar las intuiciones es que ellas se movilizan por varios rumbos. ¿Cuántas veces te has encontrado a alguien en un seminario, en un avión o en una fila y descubres que tiene el siguiente mensaje para ti, si tienes la sabiduría y la paciencia de escuchar?

Hace muchos años, al comienzo de mi viaje, recuerdo haber conocido a una mujer que me mostró un libro sobre *Findhorn*, una comunidad en el norte de Escocia, la cual jugó un papel importante en mi crecimiento espiritual, según podrás ver más adelante. Sólo la vi una vez y, por mi vida que no puedo recordar quién estaba dando el seminario al que ambas asistíamos, pero no creo que este encuentro "*casual*" fue sólo una coincidencia.

Por último, sobre el tema de otras personas como mensajeros, con frecuencia veo que cuando la intuición está decidida a mostrarnos el tipo de individuo que está dañando el crecimiento de nuestra alma, nos enviará a estos individuos en rápida sucesión, con cada encuentro volviéndose cada vez más intenso.

Finalmente, nos cae el veinte y decimos: "Ya no necesito más de esto" o "Es tiempo de encarar esta situación". Y la intuición, y toda tu familia espiritual, ¡dejan escapar un gran suspiro de alivio!

Los medios y otras formas de comunicación

Los medios de comunicación juegan actualmente una parte importante en nuestra vida, con la mayoría de nosotros recibiendo información de la televisión, el radio, una computadora, una revista o un periódico como un acontecimiento diario normal. Gran parte de la información será llevada a nuestro estado consciente y demasiada entrará en nuestro inconsciente sin discernimiento.

Sin embargo, también habrá ocasiones cuando abras un periódico o sintonices el radio, que te levantes del asiento, sientas un hormigueo en tu espina y exclames: "*Ajá*", mientras internamente algo resuena con un impulso distante pero poderoso.

Otra manera de recibir información es mediante el correo, con ese vital e importante panfleto hallando el camino justo hasta el centro de tu vida. De nuevo hay un innegable sentido de reconocimiento que proporciona el incentivo a seguir con este impulso interno:

"Siento que eso está bien" decimos, o "es justo lo que necesito en este momento".

Siempre puedes consultar con tu intuición para dejar muy en claro si deberías proceder en algún asunto, lo cual podría significar que las puertas están totalmente abiertas para ti o que permanecerán cerradas con firmeza. Pero **por favor**, si solicitas está confirmación:

- **No te sientes a llorar** por la oportunidad que has perdido.
- **No encuentres excusas** de porqué no puedes aceptar la oferta.

Para completar este capítulo, hay algunos consejos esenciales para hacer el viaje más sencillo:

- Si *piensas* que sabes a dónde vas, ¡tienes un problema!
- La intuición a menudo nos persuade a seguir un cierto camino y entonces cambia la meta.
- La intuición siempre encontrará alguna forma de llamar tu atención.
- Siempre consigues lo que necesitas pero **no** siempre lo que quieres.
- Con frecuencia es nuestro ego el que busca la vida fácil: "*¡No me molesten, aquí es agradable, quedémonos!*"

La intuición siempre viene con una enorme abundancia de paciencia, amor, apoyo, sabiduría y, en mi caso, ¡humor!

Sintonizándose con la naturaleza

Concédete al menos una hora para este ejercicio.

Es de utilidad tener a la mano un cuaderno y un lápiz, de manera que puedas registrar la experiencia de la escena.

Ve a un sitio en la naturaleza donde te sientas cómodo y en paz.

Solicita permiso a la Madre Tierra para trabajar en este lugar especial y persevera hasta que tus sentidos se hayan acostumbrado a los sonidos, colores, etc.

Ahora pide que seas llevado hacia un árbol, roca o área en el suelo, que esté en armonía con tu propia esencia espiritual.

Quizá encuentres con gran facilidad tu lugar especial o quizá desees usar tu cuerpo como una varita adivinatoria.

Para hacer esto camina alrededor del área, de preferencia en el sentido de las manecillas del reloj, usando tu mano izquierda (con la palma hacia abajo) como un receptor de energía; según te acercas a tu espacio sagrado, tu mano empecerá a hormiguear o a ponerse más caliente.

Cuando sientas que has encontrado tu lugar especial, deja de caminar y ponte cómodo para que puedas experimentar una forma especial de conexión.

Aquí, en tu espacio sagrado, puedes encontrar la quietud, la fortaleza, la sabiduría, la unidad, la respuesta a una pregunta o sólo estar abierto a cualquier cosa que surja.

Toma nota de todas las imágenes o pensamientos que te vengan a la mente.

Cuando estés listo para irte, agradece al árbol, la roca, etc., *y vete silenciosamente.*

Capítulo 3

El despertar: la salida

Despertad tu alma y junto con el sol
vuestra diaria jornada del deber recorre,
sacudid esa indolencia perezosa, y con gozo
elevaos
para ofrecer el sacrificio matutino

Obispo Thomas Ken, 1637-1714

D*espierta, despierta. Es hora de partir. Ya has dormido suficiente y hay trabajo por hacer.* Una llamada para despertar es un tema común en muchas historias bien conocidas. Su mitología está engranada dentro de nuestra psique y en toda nuestra vida habrá varias ocasiones en que diferentes partes de nuestra alma serán llamadas al hogar.

Ya que el despertar es tan importante para el hombre espiritual, parece extraño que continuemos durmiendo, a pesar de las exigencias persistentes de nuestra intuición. De alguna manera nos las hemos arreglado para persuadirnos de que, a pesar de que nuestro lugar de descanso es despiadado, sofocante y perjudicial para nuestra salud, estamos extremadamente cómodos en él. ¡Verdaderamente somos los amos de la ilusión!

¿Pero qué hace tan atractivo al sueño? ¿Y a dónde llegamos con esto?

La primera etapa del viaje es despertar y darnos cuenta que somos individuos únicos con pensamientos, sentimientos y aspiraciones. Este concepto a menudo es un reto a nuestra *necesidad de pertenencia*, la cual es una energía tribal emanando de nuestros instintos animales y que cuando es amenazada puede engendrar un miedo profundo al aislamiento y el rechazo. Esta ansiedad es irracional porque como seres sociales estamos conectados al nacer con una familia consanguínea, mediante espíritus con una familia espiritual y mediante los acontecimientos y el tiempo con nuestros amigos y parejas. ¡Nunca estamos solos!

En este momento perteneces a muchas tribus o familias en donde usas una variedad de máscaras, uniformes, sombreros y sonrisas. Afortunadamente, estos diferentes aspectos de ti mismo se interconectan, sin embargo, muchas personas viven sus vidas en cajas, compartiendo partes de sí mismas con diversos grupos pero nunca permitiendo que nadie vea el cuadro completo. ¿Me pregunto cuántos de ustedes encubren ciertos aspectos de su vida interior con el objeto de mantener su membresía en una sociedad, tribu o club en particular?

Esta existencia más bien *esquizofrénica* continúa hasta que aquellas partes de nuestro ser, que todavía se encuentran en las sombras, con el tiempo exigen ser sacadas a la luz; a menudo, originando una llamada para despertar o de advertencia. Ya que un cambio importante por lo general se resiste, la llamada puede aparecer en la forma de una crisis como una enfermedad, la muerte de un ser amado, exceso o rompimiento en una relación. E incluso entonces, nos aferramos a esto, por nuestro miedo a lo desconocido, o a tener un espacio vacante o una situación que es *incómodamente cómoda,* mientras salen a la superficie todas esas ansiedades, alrededor de las cuales hemos creado la creencia de que, de alguna manera, ¡estamos justamente en la situación correcta!

Este *status quo* continuará hasta que un día las fuerzas intuitivas empleen métodos más sutiles. Y así, nos encontramos completamente absortos en un libro que había estado en el librero durante meses, encendiendo la televisión en un punto de gran interés, escuchando al pasar una conversación que nos hace empezar a pensar o, con mayor frecuencia, desarrollando una inquietud interior de que algo no está bien.

E incluso entonces podemos esperar, ignorando el mensaje, prefiriendo creer que si la sociedad, el trabajo, la pareja o los niños fueran diferentes, todo estaría bien. Nos volvemos hipercríticos de una situación en particular quejándonos con cualquiera que quiera escuchar, irritados por las deficiencias de otras personas, abrumados por las exigencias interminables, decepcionados por las carencias del apoyo que recibimos, apáticos para levantarnos de la cama en la mañana, e incluso así, fallando en ver que el problema no radica en el mundo exterior.

Intentamos escondernos bajo las cobijas o las almohadas, esperando que todo sea una pesadilla y que pronto despertaremos con un sentido renovado de dedicación en nuestra existencia presente. Pero el sentimiento de inquietud no se va.

"¡Es tiempo de levantarse!", insiste.

Una parte de nosotros puede admitir encontrarse realmente emocionada por el nuevo mundo que se extiende delante, mientras que otra parte tiembla ante lo que aparenta ser un paso enorme. Puedo recordar algunas ocasiones en mi vida donde el 99 por ciento de mi ser estaba dedicado a cambiar, mientras que el 1 por ciento estaba aferrado fuertemente al pasado. A pesar de su posición minoritaria, esta última porción poseía una voz extremadamente fuerte y necesitaba mucho valor y apoyo al saber que sus sentimientos se escuchaban pero que ahora era el momento de continuar avanzando.

De hecho, cuando trabajo con clientes, a menudo me doy cuenta que mientras más próximos están al cambio, más expresivas se vuelven sus emociones, casi como una última defensa en contra de la pérdida de poder de algo que había demandado demasiada atención hasta ese momento. Por consiguiente, hay que reconocer que durante este periodo, la confusión y la frustración son señales muy positivas de transformación.

Para evitar el aislamiento en nuestra nueva posición, a menudo tratamos de estimular a otros miembros de la tribu a unirse a nuestra aventura, señalando lo maravillosa que sería su vida con ese cambio de perspectiva. No obstante, con frecuencia vemos que están muy contentos y que son incapaces de comprender porqué nosotros no podemos estar satisfechos con la forma en que son las cosas. Y nuestra incomodidad persiste.

Así que intentamos colocarnos entre los dos mundos, el antiguo y el nuevo; y esto funciona por un cierto tiempo, hasta que reconocemos que estamos tratando de representar todas las cosas para todas las personas en nuestra vida y dejamos de ser íntegros con nosotros mismos.

¿Me pregunto cuántos de ustedes son expertos en mantener los platos girando en la punta de los bastones, a pesar de que están exhaustos con este comportamiento disfuncional?

Con el tiempo, recuperamos el valor para entrar en lo que llamo *el corredor*. Éste no es necesariamente un sitio agresivo, sino que es la dimensión desconocida, el lugar entre los mundos. En este punto miramos hacia atrás hacia el lugar de donde venimos y entonces buscamos en la oscuridad, al frente, por algún destello de luz, esperando que se nos muestre alguna indicación de nuestro futuro.

Para alguien mirando desde afuera puede parecer que estamos *buscando un sueño imposible* y que quizá *hemos perdido el sentido de la realidad*. Nos ven en el corredor, aparentemente paralizados, sin llegar a ningún lado, ni hacia adelante, ni hacia atrás, y esa inactividad a menudo provoca la inseguridad de nuestros amigos y familiares, quienes nos ofrecen palabras amables de estímulo, sugerencias útiles y consejos bien intencionados. En algunos casos, incluso se sienten responsables por nuestro predicamento, aunque no siempre resulta claro porqué.

En algún punto alguien dirá: "¿Por qué no simplemente regresas y hacemos todo como antes?" Y sin pensarlo dos veces, confirmando que estás en el camino correcto, exclamas: "Bueno, no quiero hacer eso", diciéndote a ti mismo y a los demás que, ¡saber lo que no quieres es tan importante como saber lo que sí quieres!

Este periodo en el corredor nos da tiempo para la reflexión, la tranquilidad, la transformación y la confirmación de que confiamos en nuestra intuición. Algunas personas pasan más tiempo que otras en este sitio, y mi percepción es que, conforme tu vida se entrelaza más con la vida universal, la habilidad para aprender a estar tranquilo y confiado puede requerir periodos más largos en el corredor.

Saber reconocer el momento oportuno es lo más importante

No obstante, con el tiempo la luz al extremo del túnel se vuelve más brillante y surges, como una nueva mariposa trasformada, a una escena radiante. Aquí te encuentras con tu siguiente tribu o familia, con personas que hablan el mismo lenguaje y que *usan las mismas ropas* que esa parte tuya que ha estado escondida por tanto tiempo, y es un gran alivio no necesitar justificarte o requerir un traductor.

Reconoces mucho de ti mismo en este nuevo grupo y te sientes vivo, aceptado y contento. Esa experiencia continúa hasta que un día... ¡los antiguos sentimientos regresan!

Cada vez que nos alejamos de un grupo y nos adentramos en el corredor, dejamos atrás un conjunto de reglas y formas de vida que nos han proporcionado gran parte de la seguridad y la identidad que forman las raíces de nuestro ser. Estas raíces están basadas en creencias heredadas, experiencia personal y conocimiento interior, siendo este último negado frecuentemente en las sociedades que desalientan el pensamiento individual y fomentan el compromiso firme a los modelos culturales.

En las civilizaciones donde la historia se remonta muchos años, estas raíces son muy fuertes y proporcionan un lazo muy firme que no se puede sacudir con facilidad, en especial cuando se han mantenido tradiciones muy fuertes. Muchas culturas se mantienen unidas mediante una creencia que incluye una cualidad mística, así como una tradición que ha sido transmitida verbalmente, más que a través de la palabra escrita. En algunas sociedades, la misma dedicación se aplica al mundo material que, a su manera, proporciona la fuerza de atracción necesaria para la creación de la energía tribal.

Los problemas surgen cuando el foco de la adoración pierde su poder, dejando a sus creyentes ansiosos, inseguros y buscando algo más en que creer. Cuando la intuición y la fortaleza personal son fuertes, el mundo del individuo no se sacude por un colapso externo o por el rompimiento de una barrera de ilusión, porque su fuerza interior es eterna y reconocerá la cualidad esencial del cambio.

El surgimiento de *cultos* (como sugiere la palabra), es únicamente un subproducto del aspecto cambiante de una cultura en particular, y por consiguiente, en sí mismos no son el verdadero foco del miedo. Es la desintegración de las edificaciones ya probadas y tratadas lo que constituye la fuente del pánico subyacente. Algunos cultos sobrevivirán y se volverán los pilares de la comunidad, mientras que otros serán forzados a desbandarse. Todos ellos no son específicos de nuestra época, sino que siempre surgen cuando las viejas estructuras ya no satisfacen las necesidades de una sociedad y comienzan a caer de la gracia.

Este colapso rara vez se limita a una nación o a un continente y, según entramos en la Era Acuariana, reconocemos que aproximadamente hace 2,000 y 4,000 años ocurrieron transformaciones similares en el Medio Oriente y en Egipto, respectivamente.

En un nivel global, estamos experimentando cambios cósmicos que están ocasionando un cambio de paradigma en nuestra consciencia y nos están haciendo cuestionar nuestras creencias espirituales, nuestros principios básicos y nuestra moral. A cada individuo se le pide buscar internamente su propia verdad y esto puede requerir periodos de soledad. Pero una vez que hayamos vislumbrado su esencia, nos dedicaremos a encontrar una situación de armonía con los demás, de manera que juntos podamos servir a la conciencia del planeta.

Conforme cada alma despierta y une su corazón y su mente a la Verdad Universal, cualquier adoración falsa, que sólo satisfaga las necesidades de unos cuantos, se desmoronará con rapidez.

Durante mi vida he tenido dos profundas llamadas para despertar en las cuales se me pidió que dejara la tribu y una posición en la sociedad que conocía muy bien. La primera fue cuando tenía 28 años y antes de que supiera que *Saturno regresa.*

Esto ocurre aproximadamente cada 28 años de nuestra vida y nos hace mirar nuestro sendero y preguntar: *"¿A dónde voy? ¿Estoy siguiendo los pasos de mi plan de vida?"*

Estaba casi terminando mi entrenamiento como Médico General y estaba muy ansiosa por pertenecer a esta profesión. No obstante, sabía que no estaba lista para establecerme, sintiendo que había algo que faltaba que era esencial, entre las valiosas herramientas de mi práctica médica.

Estos años fueron de intenso trabajo como doctor recién egresado, pues con frecuencia se esperaba que estuviera en mi puesto entre 80 y 130 horas a la semana, dependiendo de la rotación de personal. A pesar de esto, amaba mi profesión, encontrando muy satisfactorio ser parte de un buen equipo de trabajo y sintiéndome privilegiada de poder ayudar a tantos individuos en una época de transición.

En mi vida personal también estaba inmersa en una tribu, trabajando intensamente para poder encajar dentro de mi percepción de las normas sociales y comprometida en matrimonio con otro doctor, con quien compartía los mismos intereses, excepto uno: mi vida espiritual.

"No puedes tener todo" era una frase mencionada con frecuencia en ese tiempo, pero negar esta parte de mi misma era como partirme el corazón. Afortunadamente, mi guía interna tomó el control en un momento en que una gran parte de mi misma se sentía abrumada por la infelicidad, pero era incapaz de dejar las expectativas tradicionales, que *yo creía* eran impuestas desde afuera. Ahora entiendo esto mejor.

Me encontré haciendo una solicitud para un empleo en Nueva Zelanda, y cuando fui aceptada no me di cuenta cómo ese diminuto anuncio, perdido en el fondo de una revista que muy rara vez leía, me había salvado la vida. Luego de pasar un tiempo entre el pueblo maorí, en un país donde la gloria de la naturaleza es muy abundante, mi alma se recargó; regresé a Inglaterra, rompí mi compromiso de matrimonio y me convertí en socia de tiempo completo de un consultorio médico, en Essex, sabiendo que ahora sí estaba completamente preparada.

En un intento por conseguir un nuevo círculo de amigos, me uní a un grupo que organizaba diversos eventos para gente joven, uno de los cuales fue ir a visitar a una psíquica. Conforme entraba en la habitación experimenté una sensación de "estar en casa" y a partir de ahí mi camino se dirigió hacia clases de desarrollo psíquico y enseñanzas espirituales; lo cual me recordó todo aquello de lo que casi me alejaba, en un intento desesperado por pertenecer a una tribu, la cual, en retrospectiva, sólo alimentó una pequeña parte de la totalidad de mi ser.

Muchos años después, aquellos que trabajan conmigo en el mundo espiritual me dijeron que pensaban que en esta vida se me habían cerrado las puertas del aspecto espiritual, hasta que realicé mi viaje a Nueva Zelanda.

Mi segundo despertar ocurrió cuando tenía 33 años, la cual es una edad muy importante, según había descubierto, para que el alma haga realmente su impresión en la encarnación actual. Estaba trabajando en una agradable clínica en donde existía un gran respeto y armonía entre los socios, donde las personas estaban deseosas de responsabilizarse por su propia salud y en donde se me había dado libertad completa para dar clases de relajación Tai Chi y medicina complementaria. Tenía una casa con jardín muy hermosa y era solvente económicamente; no obstante, a pesar de todo esto... estaba *muerta* por dentro, sintiéndome frustrada e irritable sin ninguna razón aparente.

La primavera anterior había visitado Fidhorn, la comunidad en Escocia donde había un fuerte lazo con la naturaleza o los reinos del deva, y donde los pioneros del movimiento espiritual a menudo daban seminarios. Había decidido asistir a la Conferencia de Medicina Natural y comencé a hacer planes tratando de decidir si debería conducir 900 kilómetros, tomar el tren o volar, lo cual sería un lujo. Una y otra vez repasé todo mentalmente y, aún cuando había decidido volar, me debatía largamente entre viajar por la mañana o por la tarde.

Finalmente, llegué al aeropuerto a reunirme con los otros 120 pasajeros del vuelo a la región de Inverness. Mientras me acomodaba en mi asiento, le pregunté a la chica que estaba a mí lado hacía donde se dirigía: "Findhorn" me contestó. Ella era Caroline Myss, una de los principales exponentes de la conferencia. ¡Hablando de sincronía! Viendo retrospectivamente cuán importante era para mí esta reunión, apenas puedo imaginarme al Universo tratando de mantenerse al parejo con mis cambios de planes; *"¿Qué nunca se va a decidir?"* ¡Espero que Caroline no haya sido muy afectada con mi dilema!

Luego de haber disfrutado nuestra conversación en el avión, naturalmente que me inscribí en su clase y al día siguiente me encontraba sentada en un semicírculo donde teníamos que presentarnos con todo el grupo. Fui la última en hablar y algo me ocurrió mientras esperaba mi turno, pues cuando se me preguntó mi nombre, alcancé a balbucear en medio de un mar de lágrimas "No puedo continuar". La habitación estaba en silencio pero una pequeña voz dentro de mi cabeza simplemente dijo: "Entonces, vete".

A la manera típica de la intuición, la respuesta fue proporcionada sin emoción, alegatos o condiciones, abriendo una ventana al vasto número de posibilidades disponibles y dejándome trabajar en los detalles.

Durante la semana siguiente vagué entre los altos pinos escoceses que se balanceaban suavemente, coronando las colinas de Forres, planeado la venta de mi casa, qué hacer después y cómo dejar mi profesión, pues en esta carrera salirse es como desbaratar un matrimonio.

Era una gloriosa tarde de primavera cuando llegué a casa, donde permanecí en medio de mi jardín, debajo de los retoños dulcemente aromáticos, escuchando cantar a las aves y pensando "Debo estar loca para dejar todo esto. Acabo de estar en un sitio de locura, donde le hablan a las plantas, y voy a renunciar a toda mi educación, mi posición en la sociedad y mis comodidades, ¿para qué? Nadie sabe qué ocurrió en Findhorn, sólo necesito regresar mañana a trabajar y pretender que no sucedió nada".

Instantáneamente, recibí un destello de una vivencia de una vida pasada que me dejó sin ninguna duda sobre cuál era mi camino futuro. Me vi a mi misma en una larga fila de personas yendo por el Nilo. Aquellos que giraban a la derecha regresaban a El Cairo y a las antiguas formas de vida, mientras que los que se dirigían hacia la izquierda iban a unirse con el Faraón del Sol, Akhenatón, cuyos seguidores creían en un solo Dios. Me vi a mi misma yendo hacia la derecha y, mientras continuaba en el jardín, escuché una voz interna preguntar: "¿Vas a tomar de nuevo la decisión equivocada? ¿Esta vez tienes el valor suficiente para hacer las cosas de manera diferente?".

Desde ese momento, caminé con certeza. Al día siguiente avisé de mi retiro a mis socios, quienes dijeron: "Sabíamos que algún día te irías. ¿Cómo podemos ayudarte?" Puse mi casa en venta y casi de inmediato la compró uno de los agentes de bienes raíces para su familia. Finalmente, me despedí de todos un día después de la *Convergencia Armónica,* * con poca comprensión de lo importante que era este suceso para la conciencia planetaria y me metí a una forma de vida que me ha proporcionado plenitud, amor, relaciones maravillosas, viajes, un conocimiento siempre en expansión y una sensación de estar en la ruta correcta.

Las regresiones a vidas pasadas se han vuelto muy populares recientemente. Por mi parte, siempre he encontrado que recibo información cuando es necesaria y por lo general cuando puedo cambiar un viejo patrón kármico.

Creer o no en las vidas pasadas, o pensar que ellas son únicamente el producto de una imaginación excesiva, es un asunto personal, no obstante la pregunta adecuada tiene que ser: *"¿Qué vas a hacer con esta información?"* El conocimiento de la terapia de regresión

* La Convergencia Armónica fue un acontecimiento astrológico y espiritual que ocurrió en agosto de 1987, cuando la mayoría de los planetas de nuestro sistema solar formaron entre sí una Gran Trinidad o triángulo. Esto se vio como un acontecimiento con muy buenos auspicios, en especial por los pueblos antiguos, incluyendo a los tibetanos y los indios hopi, y representó la apertura de una puerta a un nuevo nivel de conciencia en este planeta.

nunca debe usarse para restarle poder al alma o como una excusa para la inactividad.

Existen muy pocas almas *nuevas* en la Tierra en este momento, y por lo tanto, la mayoría de nosotros tiene muchas experiencias de vidas anteriores. El recuerdo de una situación particular del pasado sugiere que hay:

- Asuntos sin finalizar que tienen que ser terminados.
- La oportunidad de hacer algo de manera diferente.
- La presencia de una relación importante (que pudiera no tener el resultado esperado).
- Una habilidad que necesita volver a ser activada en esta vida.

En la historia que se narró anteriormente, el recuerdo de una vida pasada, y la pregunta que me hice, me impulsaron más allá del miedo y a una existencia donde no tengo ninguno de los arrepentimientos que pienso tendría actualmente si hubiera continuado con la práctica de mi profesión.

Los arrepentimientos son demasiado tarde cuando te encuentras en el lecho de muerte... ¡vive la vida al máximo ahora!

Tales llamadas para despertar pueden parecer pedirnos que dejemos a aquellos que amamos. Pero la mayoría de nosotros tiene compromisos especialmente con nuestros hijos y padres y la intuición siempre intenta incluir las necesidades espirituales de los demás, así como nuestros propios impulsos interiores. Existen muchas personas en la actualidad, que están despertando a su propia verdad y erróneamente creen que tienen el derecho de abandonar toda responsabilidad.

Desafortunadamente, cuando los cambios se realizan sin consultar, sin compasión, sin respeto y sin la aceptación de nuestras obligaciones, entonces únicamente nos estamos rebelando en contra de la tribu y actuando como un *niñito caprichoso*, en lugar de caminar por nuestro camino con madurez. El rompimiento que se requiere es más a menudo emocional que físico, y ello libera a los demás de vivir su vida en armonía, con la canción eterna de su alma.

Cuando le damos espacio a las partes aisladas de nosotros mismos, a menudo encontramos que nuestras relaciones se vuelven más intensas, profundas y más duraderas. Cualquier relación, cualquiera que sea su fuente, que se sostiene unida mediante el miedo y la culpa no puede sobrevivir, porque el amor, el honor y el respeto son las cualidades adhesivas necesarias para crear relaciones verdaderas.

Es triste, pero demasiadas familias, asociaciones, sociedades, partidos políticos, naciones y negocios están basadas en lazos negativos, donde unos pocos retienen la libertad de la mayoría en la palma de su mano y no están dispuestos a dejar este control debido a su propia inseguridad y miedo de quedarse solos.

Aquí, el *espíritu del grupo* se ha descuidado dándole preferencia a las necesidades del individuo. En teoría, nadie está forzado a permanecer en ningún grupo, sino que cada persona tendrá su propia agenda específica, la cual puede esconderse detrás de un motivo altruista.

Por ejemplo, "No podrán hacer nada sin mí" o "Este lugar se derrumbará sin mí en el mando".

Incluso cuando están implicadas nuestras familias, la acción egoísta puede ser permanecer, en especial cuando nuestro corazón ya no resuena más con la nota tribal y cuando el permanecer únicamente nos protege de la soledad, y nos impide tomar responsabilidad, aceptar el inevitable vacío o quizá, ¡alcanzar todo el potencial de nuestra alma! Al dejar ir nuestra dependencia emocional de la tribu somos capaces de ofrecer más, tanto física como espiritualmente, a la calidad general de la energía del grupo.

Muchas compañías en el mundo industrial están experimentando una transformación en la actitud, reconociendo que la competencia, la cual está fundada en el miedo y el secreto, conduce no sólo al estancamiento de la productividad, sino también a una cooperación deficiente entre los diversos departamentos de la corporación. El tiempo para discutir se ha terminado con la necesidad de comenzar una implementación, en aquellos implicados en la dirigencia de estas organizaciones, para reconocer su responsabilidad en elevar la consciencia del mundo de los negocios.

El primer paso pudiera ser apreciar que nuestra posición en la sociedad o en una organización no debe ser negar la necesidad simple de respetar a los demás, cualquiera que sea su función en ella. Con frecuencia es difícil para aquellos que son ambiciosos comprender que hay muchas personas que han encontrado su nivel de realización y que pueden ser muy productivos desde este nivel de satisfacción. Sin embargo, la experiencia nos puede forzar a mirar internamente y preguntarnos si estamos buscando esta satisfacción en la dirección equivocada, reconociendo que nuestros *maestros* pueden tomar muchas apariencias.

Tengo una fuerte imagen en mi mente de un círculo de personas agarrándose de las manos, lo cual en la superficie parece un buen apoyo mutuo. No obstante, en una observación más a fondo, el contacto físico puede ser falto de naturalidad, basado en amenazas y lealtad inflexible. La única forma de progresar para cada miembro del círculo es librarse de su agarre y permitir el desarrollo de nuevos lazos construidos mediante:

- Amor, respeto y honor entre ellos.
- Una voluntad de responsabilizarse por los pensamientos, las palabras y las acciones personales.

- Una decisión unida de actuar por el bien de todos en lugar del individual.

Esta relación enriquece la expresión creativa, la inteligencia, la dedicación y la productividad, y rechaza la necesidad de la competencia enfermiza, el secreto, el chantaje emocional y el miedo. Es un gran paso a tomar, pero muchos grupos y familias lo están viendo como la única forma de crear un mundo más feliz y saludable.

Desde luego, existen situaciones donde el esfuerzo de grupo es esencial y donde la iniciativa individual necesita ser desalentada, como durante las emergencias que implican la participación de los cuerpos contra incendio, la policía o las fuerzas armadas. Sin embargo, muchos miembros de estos grupos me informan que tienen una intuición muy desarrollada, la cual es una combinación de varios años de experiencia y de un sentido sobrenatural de conocimiento interior. De esta manera, los policías leen el lenguaje corporal y escuchan lo que *no se dice* con el fin de formarse una opinión, mientras que los bomberos utilizan su conciencia interna para determinar qué habitaciones necesitan ser revisadas, mientras están conscientes intuitivamente de una pared que está a punto de desplomarse.

Durante momentos más pacíficos, el espíritu de equipo puede relajarse para permitir que el individuo exprese sus puntos de vista sobre las formas de generar un servicio más eficiente, que proporcione una mayor satisfacción en el trabajo, aunque esto requiera un líder sabio y seguro de la tribu para evaluar los cambios que pudieran poner en riesgo su poder.

Uno de los arquetipos que es un verdadero instrumento para ayudarnos a mantener nuestra posición en la tribu se denomina el *protector*, el cual muy frecuentemente entra en nuestra vida en una edad muy temprana. Este papel es representado de hecho en el mundo real por un padre o un guardián, pero generalmente aparece en nuestro mundo interior como una subpersonalidad, en una época de nuestra vida cuando nos sentimos amenazados o inseguros, ya sea física, emocional o espiritualmente. Es posible tener acceso a esta parte de nosotros mismos mediante el trabajo interno, como sucede con el *Diálogo de Voz* (ver la *Bibliografía*) o mediante diversas formas de visualización de imágenes.

El protector está dedicado a su función en nuestra vida y como un programa de una computadora, sólo dejará de continuar con su tarea cuando el software sea cambiado por el operador. Por lo tanto, es importante reconocer a nuestro protector personal, y hasta que lo hagamos, él o ella pueden actuar en favor de nuestros mejores intereses o incluso sabotear nuestra decisión de continuar con algo. Como un empleado leal, su jubilación debería ser manejada con dignidad y posiblemente con la oportunidad de continuar sirviéndonos de una manera diferente.

Recuerdo cuando conocí a mi protector personal. Él se llama *el impulsor*. En mis días de juventud era terriblemente penosa y tendía a permanecer atrás, temerosa de ser notada. Mis padres me infundían valor pero de forma que ello sólo empeoraba la situación, ya que me sentía responsable de su preocupación.

El protector entraba portando un poderoso par de manos que se sujetaban a mi espalda y comenzaban a empujarme hacia el frente. Obligando a mi propia fuerza impulsora, entraba en situaciones que, como niña, hubiera considerado imposibles.

Sin embargo, con los años, comencé a desarrollar dolores en la parte superior de mi espalda relacionados con la tensión, en especial cuando mi "gaveta" receptora se saturaba. Decidí descubrir la fuente de esta tensión y un día meditando, conocí al impulsor cumpliendo felizmente con su tarea de proyectarme en todas direcciones.

"¿A dónde vamos?", le pregunté y él contestó "¡Eso no importa en tanto nos mantengamos en movimiento!"

¡Entonces vi que tenía un problema! Así que traté de llegar a un arreglo y con gran tacto y diplomacia le agradecí por servirme tan fielmente durante toda mi vida, pero le expliqué que ahora necesitaba calmarme y tener tiempo para estar tranquilo y meditativo. Sugerí que cambiáramos la descripción de su puesto de manera que me impulsara lejos de todas aquellas situaciones que no eran beneficiosas para el desarrollo de mi alma, y que me impulsara hacia todas aquellas experiencias que mejoraran mi persona.

Afortunadamente, estuvo de acuerdo. Desde entonces, el dolor de cabeza ha disminuido, he tenido más tiempo para mí y he observado con fascinación cómo algunas situaciones han llegado hasta mí, en lugar de tener que salir y buscarlas.

¿Quién es tu protector? ¿Sirve a tu alma o a un aspecto infantil de tu personalidad?

En muchas ocasiones, el protector está personificado en alguien cercano a nosotros o en aquel a quien le ofrecemos autoridad. Quizá no nos guste la posición que estamos obligados a tomar con ellos y no obstante nos sintamos incapaces de movernos si queremos evitar enfrentarnos al reto de meternos en territorio desconocido y en posibles sentimientos de aislamiento. Una vez que llegamos a comprender que esta figura de autoridad realmente representa parte de **nuestro** subconsciente y está alimentando nuestros miedos, podemos renegociar los términos del acuerdo con este personaje, lo que frecuentemente lleva a cambios en las relaciones y a nuevas oportunidades para todos los involucrados.

Finalmente, no es algo fuera de lo común cambiar de ser alguien que necesita protección a convertirse en alguien que protege, creyendo que todos dependen de uno para su supervivencia. Formar nuestra propia tribu puede ayudar a reforzar nuestra creencia de que estamos en el camino correcto, no obstante también podemos caer en el círculo de la ilusión si tratamos de apoyar a todos menos a nosotros mismos.

> *"La gente me necesita, no puedo dejar que se hundan".*
> *"¿Qué harían si yo no estuviera aquí?"*
> *"Me encantaría estar libre, pero (gran suspiro), ¿sabes lo que sería eso?"*

A veces necesitamos ser honestos y preguntar "¿Quién necesita a quién?" "¿Cómo te sentirías si todos fueran felices de arreglárselas sin ti?"

La intuición siempre está presente, proveyéndonos un faro de bienvenida en medio de la niebla del miedo y la duda. Pero si nuestro miedo al cambio es más fuerte que el de permanecer donde estamos, entonces no cambiaremos, prefiriendo cerrar nuestros ojos a la luz espiritual.

El miedo y la ansiedad disminuyen nuestra habilidad para responder a nuestras necesidades interiores, estancando el desarrollo del alma y alejándonos de nosotros mismos.

Es fácil reconocer que el miedo a menudo produce una imagen del futuro que es mucho peor que la realidad y que, cuando usamos el mismo impulso de la adrenalina para animarnos en lugar de crear ansiedad, somos impulsados de manera natural hacia aquellas cosas que traen esperanza, satisfacción y amor.

Por último, cuando caminamos a lo largo de nuestro camino, atraemos una fuerza interna que amplifica nuestra confianza y nos permite desarrollar relaciones más profundas con nuestra familia y nuestros amigos, ya que no necesitamos cubrirnos más con la capa y la máscara.

Nuestros relojes despertadores espirituales fueron preparados mucho tiempo antes de que llegáramos a este planeta; algunos han estado sonando por mucho tiempo. *"¡Despierta, despierta, es tiempo de progresar!"*

Ejercicio para despertar

El Espíritu de la Tribu:

En tu registro, haz una lista de todas las tribus a las que perteneces.

Es muy improbable que algún grupo satisfaga todas tus necesidades.

¿Hay algunas tribus en donde sientes que ya no perteneces y quizá donde hay tensiones continuas o una creciente falta de entusiasmo?

Reconociendo que, a pesar de tu opinión, no necesariamente es la tribu la que tiene que cambiar, hazte las siguientes preguntas:

- *¿Qué necesito cambiar con el fin de poder estar en armonía con el espíritu del grupo?*
- *¿Qué necesito expresar con el fin de sentirme más sintonizado con el grupo?*
- *¿Hay algo que pueda ofrecer que incrementará mi compromiso con el grupo?*
- *¿Hay una forma moral en que pueda satisfacer mis necesidades de alguna manera, mientras pertenezco a este grupo?*
- *¿Qué me impide retirarme?*
- *¿Realmente estoy trabajando por el bien de todos al quedarme, o sólo estoy satisfaciendo mis propias necesidades?*
- *¿Qué necesito hacer para analizar otras opiniones?*

Si piensas que estás en el corredor:

- *¿Estás cómodo en esta posición?*
- *¿Habrá algo que evite que retrocedas?*
- *¿Sabes lo que no quieres, incluso si estás inseguro de lo que sí quieres?*

- *¿Hay alguna ansiedad de progresar como miedo al éxito o al fracaso?*
- *¿Cuál era tu verdadera intención antes de entrar en el corredor? ¿Qué buscabas?*

Si ya estás situado en tu propia luz... ¡Felicidades!

Capítulo 4

Expansión: Asumiendo nuestro poder

Sólo tienes poder sobre las personas en tanto no les quites ***todo****. Pero cuando le has robado a un hombre* ***todo****, ya no está bajo tu poder, él es libre de nuevo.*

Alexander Solzhenitsyn, *El Primer Círculo*, **1968.**

La iniciación que tiene lugar cuando nos metemos en el corredor despierta el poder que ha estado durmiendo por mucho tiempo bajo un manto ilusorio de impotencia y nuestra estructura etérica se expande para abarcar la energía que ahora está disponible. Como el día en que recibimos nuestro primer salario, experimentamos preocupación por su seguridad, una sensación de libertad, el conocimiento de que ahora poseíamos un poder especial, un deseo de gastarlo sabiamente y la necesidad de encontrar a alguien confiable que nos aconsejara inversiones que nos llevaran a una dicha mayor y a nuestra realización en la vida.

Estos retos son similares a aquellos que se encuentran en esta etapa del viaje:

1 **Asegurar la nueva energía** mientras se le deja multipicarse mediante el *esfuerzo creativo.*

2 **Generar más energía** mediante nuestra relación con la Fuente, en lugar de quedar atrapado en *juegos de poder* donde tiene que haber un ganador y un perdedor.

3 **El uso correcto de la energía** con la activación de los *poderes psíquicos.*

4 **La disposición para expandir la conciencia,** abriendo el camino para una *mayor comprensión* y una *guía espiritual.*

Para ayudarnos a lo largo del camino, nuestros sentidos, los medios por los cuales nos comunicamos entre nuestro mundo interior y el mundo exterior, se expanden con una apreciación mejorada de la riqueza de color, mayor definición del diseño, sensibilidad táctil mejorada, una habilidad auditiva más refinada y una mayor atracción hacia los aromas más sutiles.

Asegurando la nueva energía

La fuerza obtenida al seguir valerosamente nuestra intuición a pesar de la naturaleza persuasiva de la tribu, permite que nuestra voz verdadera, que ha estado silenciosa por mucho tiempo, se escuche de nuevo. Comenzamos a apreciar la habilidad para tomar decisiones y usar la palabra *"No"* con más regularidad y con mayor convicción, decididos a hablar según los dictados del corazón en lugar de ir a donde se dirige la multitud sólo para ganar aprobación.

Esta nueva actitud con frecuencia produce agitación en nuestro entorno, ocasionando que la familia, los amigos y los compañeros de trabajo se sientan intrigados por la transformación y ansiosos por saber cómo los afectará. Algunos se sienten amenazados y reaccionarán con comentarios que rayan en la agresión o el sarcasmo, mientras que otros defenderán su posición, a pesar de que ésta no se estaba cuestionando.

No obstante, habrá aquellos que se han arriesgado y que conocen el corredor, apreciando el valor de su espacio para desarrollar este nuevo sentido del Yo y reconocer que muchos modelos pueden ser diseñados y rechazados antes de que nos quedemos en uno que refleje el propósito esencial de nuestro viaje en ese momento.

Al dejar la profesión médica decidí viajar por los Estados Unidos, visitando centros de salud alternativos, administrados por médicos a quienes respeto hasta este día por sus trabajos pioneros en esta área. Mientras cruzaba el Atlántico pensaba que mi siguiente actividad era organizar un centro como esos en el Reino Unido y estaba ansiosa por conocer lo que era exitoso y lo que debería evitarse.

Seis mil kilómetros y seis meses después, luego de conocer gente maravillosa, muchos de los cuales no estaban en mi lista original, mis planes se habían transformado y refinado. Al regresar a Inglaterra, abrí un consultorio homeopático y concentré mi atención en incrementar la conciencia pública sobre las ventajas de la medicina complementaria, mientras trabajaba para mejorar la comprensión de la relación mente, cuerpo y espíritu.

Mientras todavía estamos experimentando con nuestra voz interior, existe un deseo natural de compartir nuestro entusiasmo y nuestros descubrimientos con los demás. Unas palabras de consejo, en épocas de vulnerabilidad y cambio, mantente alejado de aquellos que les gusta *reventar globos o ilusiones*. Quizá ya los hayas conocido. Por lo común se encuentran en las baratas del supermercado, tu misma sala, el área alrededor del café o en el bar de tu localidad. Están ansiosos por que aparezca alguien con un globo recién inflado o una nueva idea y, mientras la persona le platica emocionada en que consiste, ellos sacan un alfiler largo y lo revientan:

"Bueno, si me pides mi opinión..."

"¡Eso se oye muy bien, pero yo no lo haría!"

"No vengas llorando si eso no funciona"

"¿Qué piensa tu familia/esposo/padres/amigos sobre esto?"

"Bueno, ¿supongo que podrías regresar a tu antiguo trabajo si algo sale mal?"

"Siempre tienes ideas extrañas"

"Luego no digas que no te lo advertí"

"¿Estás segura que podrás hacerlo?"

(A lo cual yo contestaría: "¡Estoy segura de que no podría dejar de hacerlo!").

Ten cuidado con estas personas cuando lleves ideas delicadas a donde está fresca la pintura; son fácilmente reconocibles porque llevan consigo este alfiler largo y, en sus vidas, nunca se sienten satisfechos o dan la cara. Tienden a rodearse con otros perdedores, pretendiendo ser sus protectores y ocultándose detrás de esta actitud fingida. Y no te dejes engañar por las apariencias de una vida exitosa, porque todos gravitamos hacia áreas en la vida que resultan fáciles y no obstante podemos estar renuentes a encarar situaciones que pueden ser el verdadero propósito de la encarnación de nuestra alma.

No es lo que hacemos sino cómo lo hacemos

Después de varios años siguiendo a la tribu, puede resultar bastante atemorizante darse cuenta que todo tu futuro depende únicamente de tu habilidad para gastar con prudencia, mientras incrementas tus propiedades personales. Pronto se vuelve evidente que hay asuntos específicos que exigen atención, relacionados con un plan que fue establecido mucho tiempo antes de que llegaras a este mundo y que tiene el potencial de mejorar la conciencia del alma encarnada.

En teoría, el objetivo parece simple y únicamente requiere que, creemos escenarios en los que se pueda expresar esto, produzcamos un resultado, se permita una comprensión mayor y haya una integración con la experiencia total. Sin embargo, de alguna manera nos perdemos en nuestra propia producción teatral, creyendo que el propósito de nuestra existencia pertenece al mundo externo y a todo lo que éste ofrece en términos de riqueza, identidad social y éxito material.

En nuestra ansiedad de multiplicar nuestra propia acumulación de poder personal, es fácil olvidar que al final de esta vida la pregunta más importante en relación con el crecimiento del alma será, *"¿De qué manera viviste tu vida?"*, en lugar de *"¿Qué cosas hiciste?"*.

Esta conciencia no debe conducir al miedo ni a la inercia, sino que nos debe estimular para cambiar mi atención de las necesidades individuales a la apreciación de la interconexión existente de la vida, reconociendo que esto es la **forma** de nuestras relaciones que modela nuestro mundo, más no la **substancia**.

Recientemente estaba escuchando al Profesor Kenneth Ring, quien es un experto en Experiencias Cercanas a la Muerte (ECM). Hablaba acerca de la *revisión de toda la vida,* la cual es una característica importante muy común en las ECM. Los participantes en su estudio hablaron de haber visto su vida en un instante y de tener la habilidad tanto para sentir las emociones importantes y, al mismo tiempo, comprender completamente porqué había ocurrido la situación desde la perspectiva del alma.

Desde esta posición objetiva, el juicio y la culpa no fueron los temas importantes, aunque la visión de todo con frecuencia dejaba al sujeto con una sensación profunda de arrepentimiento, luego de haber visto situaciones que habían evitado o dejado sin concluir, a menudo debido a su preocupación por su precaria situación personal. Vieron ocasiones cuando se les había ofrecido una oportunidad para experimentar nuevos horizontes y en lugar de ello se habían burlado de aquellos que los recibían con los brazos abiertos, y ocasiones cuando se les había solicitado que fueran bondadosos y habían permanecido indiferentes.

En algunos casos, se le dio la oportunidad al individuo para apreciar no sólo sus propios sentimientos, sino también las emociones de aquellos que habían sufrido dolor o abuso de parte de ellos. Esta visión profunda dentro del proceso interno de otra persona con frecuencia terminaba después de la ECM en una forma totalmente nueva de interacción, donde el individuo tenía mayor consideración de los sentimientos de los demás, en lugar de reaccionar de inmediato o basar su comportamiento en su propio miedo a perder el control.

Otras personas se dieron cuenta que debido a su propia protección personal y a una preocupación equivocada por aquellos que amaban, habían fracasado en hablar o actuar, ocasionando un estancamiento para todos los involucrados. La intuición nos pide mirar más allá de nuestras necesidades personales y ver el cuadro completo, permitiéndonos actuar por el beneficio de todas las almas involucradas, a pesar de que nuestras acciones pudieran no ser comprendidas en ese momento.

Por último, respecto al asunto de asegurar la energía, es probable que rechacemos nuestro poder o empobrezcamos espiritualmente cuando nos tomamos a nosotros mismos muy en serio, permitiendo que el miedo obstruya el flujo natural o que impida que se vea una imagen más completa. Únicamente somos guardianes de esta energía, no la poseemos ni debemos temer perderla. Al aceptar el flujo eterno de energía que convierte al espíritu en materia y la materia de nuevo en espíritu, somos liberados del temor al fracaso, del miedo a lo desconocido y del miedo a la muerte, y podemos entrar a un estado de estabilidad donde las maravillas y la magia abundan.

Recibí un poderoso recordatorio de este mensaje durante mi primer encuentro con los delfines en las idílicas islas de Hawai. Me encontraba nadando en estas maravillosas y cristalinas aguas azules, rodeada por estos encantadores animales que me ofrecían incondicionalmente amor, diversión y una abrumante sensación de entrega, y mi mente hiperactiva se encontraba "pre-ocupada" con problemas que debería haber dejado en Inglaterra.

Súbitamente, uno de los delfines nadó justo hasta mi rostro, me miró directamente a los ojos y con gran ternura y sabiduría me habló directo dentro de mis pensamientos:

> "Eres tan seria; continúas olvidando;
> ...no hay nada de que preocuparse; todo únicamente existe".

Mi consciencia de la naturaleza transitoria de la existencia física se transformó a partir de ese momento y ahora, cada vez que me tomo a mi misma con demasiada seriedad, recuerdo que, ya que yo creo la percepción de mi realidad, si sonrío el mundo me devuelve la sonrisa.

Generando más energía

> *"La raza humana, a la cual pertenecen muchos de mis lectores, ha estado jugando juegos de niños desde el principio y probablemente lo hará hasta el final, lo que constituye un fastidio para las pocas personas que maduran".*
>
> **G. K. Chesterton,** *El Napoleón de Notting Hill,* **1874-1936.**

Conforme salimos de la dependencia del grupo para proveer nuestras necesidades y comenzamos a desarrollar nuestra conciencia de nosotros mismos, nuestro gasto de energía se incrementa, forzándonos a encontrar una fuente de poder que restaurará nuestras provisiones agotadas. Nuestro propio generador interno fue desechado hace varios eones cuando nos volvimos dependientes de las reservas externas para satisfacer nuestros requerimientos. A pesar de su estado descuidado, el sistema de cableado todavía está intacto y con una reparación general adecuada y con una corriente de energía a través de su red, puede convertirse de nuevo en una fuente de poder infinito.

¡Todo lo que tenemos que hacer es recordar donde encontrar el interruptor!

Hasta que recuperemos la memoria, como muchos hacen, nos meteremos en una diversidad de sofisticados, aunque sutiles, juegos poderosos que se originan en el cuerpo astral o emocional, y que se dirigen a aumentar nuestro aprovisionamiento de energía, manipulando a otra persona para decomisarle su propio poder personal. Esto ocasiona que haya un ganador y un perdedor, aunque a largo plazo el esfuerzo implicado es un agotamiento espiritual de todos los involucrados.

El juego emplea subpersonalidades específicas, con combustible emocional, que incluyen *el mártir, el crítico, el controlador, el victimario, la víctima, el rechazador, el acusador* y *el complaciente,* todos los cuales son expertos en obstruir el flujo de la intención del alma, la cual aspira a expresarse a través de la intuición.

Estos personajes han aparecido intensamente en toda la historia de la humanidad y han sido el centro de discusión en muchos textos psicológicos. No obstante, a pesar de sus hábitos ofensivos, mantienen el control de las relaciones humanas, reforzados por una andanada de información de los medios de comunicación, que alimentan a varios de estos arquetipos. Estos se esfuerzan en desviar la expresión emocional, disminuir la confianza en uno mismo, ocasionar desconfianza en los demás y en lograr que fracasemos en reconocer nuestra relación con la fuente de nuestro ser.

Se ha formado una densa nube alrededor de la capa etérica de este planeta debido a nuestra continua dependencia de esta fuente de combustible inerte. Sin embargo, ha comenzado a romperse mediante los esfuerzos inmensos de aquellos que trabajan en múltiples dimensiones, y que nos están demostrando que la Luz y el Amor son las únicas formas puras de energía para el hombre espiritual.

La mayoría de estos juegos son tan insidiosos y adictivos que verdaderamente permanecemos inconscientes de nuestras actuaciones, aunque somos muy capaces de señalar con el dedo a los demás. A pesar de la tremenda variación de las circunstancias, el aspirante a ganador siempre emplea ciertas tácticas una y otra vez.

El mártir

- *Acepta todas las solicitudes y retos sin quejarse, mientras que deja muy claro de manera no verbal que espera halagos y aprecio.*
- *Envía señales de molestia acompañadas por muchos lamentos y gruñidos y luego rechaza la ayuda ofrecida.*
- *Espera en silencio que otros satisfagan sus necesidades y se siente resentido cuando no lo hacen.*

- *Usa frase como "Estoy bien", "Ya me las arreglaré", "No te molestes, lo haré yo".*
- *Cree que la vida es sufrimiento y lucha.*

El crítico

- *Encuentra fallas en otros para así asegurar su posición.*
- *Sutilmente "jala el tapete sobre el que tiene sus pies su oponente", a menudo ocultando la mano con un cumplido.*
- *Le es difícil alabar a alguien (por lo común también son severos consigo mismos).*
- *Afirma que "sólo ofrece un consejo provechoso", aunque los demás se derrumben con su opinión inapropiada.*

El controlador

- *Tiene que decir la última palabra.*
- *Debe demostrar su punto de vista sin variar su posición un solo centímetro.*
- *Rehusa ser el primero en decir que lo siente (aunque esto de como resultado un estancamiento)*

- *Tiene que permanecer en control, arriba de todos, al mando, fuerte (aparentemente) y capaz.*
- *Da la impresión de querer entender, mientras escucha desde una visión fija de la realidad.*

El victimario

- *Exige lealtad mediante la intimidación y el miedo.*
- *Satisface sus necesidades personales amenazando la seguridad de los demás.*

La víctima

- *Es un experto en evitar responsabilidades, buscando siempre alguien a quien culpar.*
- *Cree que las cosas sólo le suceden a él y no comprende por qué.*
- *Se siente rechazado y se enoja cuando otra persona exige atención.*
- *Comienza oraciones con afirmaciones generales como "Todo el mundo es...", "Toda la gente es...".*
- *Concluye sus frases con "Así es la vida", "Siempre me pasa esto", "¡Pensé que te importaba!"*

- *Persistentemente hace preguntas que comienzan con "¿Pero cómo es posible... ?"*
- *Se deleita repitiendo su historia sin buscar jamás comprensión de su mensaje.*
- *Espera que los demás* ***sepan*** *sus necesidades sin proporcionar ninguna pista verbal.*

El rechazador

- *Evita conflictos o crítica manteniéndose distante, durmiendo, saliendo a caminar, llevando a pasear al perro, escondiéndose atrás del periódico, la televisión o la computadora, cambiando el tema o saliéndose de la habitación.*
- *Hace difícil que las personas lo quieran, exigiendo cada vez más pruebas.*
- *Se retira y erige barreras tan pronto como alguien se le acerca demasiado.*
- *Se vuelve extremadamente ocupado e inaccesible para evitar encarar una situación y la verdad.*
- *Tienta a otros a llegar hasta su rincón interior secreto aunque la llave fue tirada hace mucho tiempo.*
- *Se evade de la realidad estando ausente de manera permanente del centro de su vida por miedo de ser criticado.*

El acusador

- *¡Intenta probar que **todo** lo que le sucede a **cualquier persona** siempre es su culpa!*
- *Confunde el interés con la culpa, "¡Si me siento culpable significa que me interesa!"*
- *Utiliza el remordimiento para evitar el desarrollo y el crecimiento de la conciencia personal.*
- *Cree que sus acciones pueden influenciar realmente la libre voluntad de otra persona.*

El complaciente

- *Requiere reafirmación y aprobación constante, que se rehusa a aceptar.*
- *Busca el estímulo persistente en lugar de sólo encargarse de hacer el trabajo.*
- *Acepta todas las solicitudes con una sonrisa complaciente aunque exista un resentimiento interno.*
- *Es sensible a las necesidades de todos e intenta satisfacerlas sin su consentimiento.*
- *Expresa su molestia mediante declaraciones como: "No es que me queje pero..."*

- *"Date cuenta que después de todo lo que hice por ellos...".*

¿Me pregunto si te reconoces en cualquiera de estas afirmaciones?

Estos juegos se pueden encontrar en todos los sectores de la sociedad, en donde el poder personal del individuo se usa como un medio de negociación. En numerosas ocasiones la competencia se lleva a cabo sin el uso de palabras, donde éstas no son importantes ante el uso de cejas levantadas o de ojos abatidos, los cuales transmiten mensajes poderosos y aseguran una posición ganadora.

Ya es hora de dejar a un lado estos juegos y de abrir nuestros canales al flujo de la energía que nutre y garantiza la supervivencia de la humanidad espiritual. Al sintonizarnos con el amor supremo del corazón y con la sabiduría inherente de la mente, podemos reclamar nuestro derecho a la vida. Esto asegura que:

Cuando estamos caminando por nuestro verdadero camino del alma, el Universo está obligado a responder a nuestra intención, proveyéndonos con la energía y los medios para transformar la inspiración en manifestación, al espíritu en materia.

Si dejar atrás a la tribu fue difícil, renunciar a los hábitos adictivos de los juegos demanda una mayor fuerza de voluntad, pidiéndonos que nos salgamos de atrás de una caracterización familiar y que rechacemos los beneficios que esto nos ha proporcionado, con frecuencia de manera subconsciente, durante la mayor parte de nuestra vida.

Puede parecer casi imposible desenredarnos a nosotros mismos de la telaraña de la ilusión, y esto se complica con nuestra habilidad para argumentar razones excelentes de porqué deberíamos permanecer exactamente en el mismo estado.

De hecho, hemos invertido tanto tiempo y energía en esta caracterización que no tenemos ninguna intención de renunciar a ella tan fácilmente, en especial debido a que la conciencia trae una sensación de vergüenza por haber permitido que el juego continuara por mucho tiempo; así que nuestro orgullo no puede arreglárselas fácilmente con esta revelación.

Desde luego, siempre podemos comenzar un nuevo juego concerniente con la culpabilidad que ahora sentimos, desperdiciando así el potencial de nuestra alma.

¡Las posibilidades son interminables!

Si realmente deseamos progresar, una pregunta que nos será de utilidad, pero que exige una respuesta honesta sería:

"¿Qué obtengo al ser un mártir (una víctima, etc.)?"

Desde luego que podemos quedar impactados por la sugerencia de que estamos "buscando atención", "evitando la responsabilidad" o "negándonos a nosotros mismos nuestra amistad", pero nada ocurre por azar, así que los patrones de conducta muy desarrollados deben haber recibido una nutrición generosa a través de los años.

La intuición nos ayuda a liberarnos de estos hábitos bombardeándonos con personas, una tras otra, que actúan como espejos de nuestras subpersonalidades o que tienen la habilidad de poner a jugar a nuestro controlador, nuestra víctima, etc.

La esperanza es que los acontecimientos persistentes acelerarán nuestra consciencia del juego y con el tiempo dejaremos de hacerlo. Desdichadamente, algunos individuos no se rinden tan fácilmente y sus guías tienen que ser extremadamente ingeniosos y pacientes.

Incluso cuando escogemos cambiar, otras personas pudieran no ofrecer el apoyo que esperamos ya que están perdiendo un competidor y necesitarán encontrar a alguien más que juegue la otra parte. Incluso el crítico y el controlador se pueden extrañar, ya que sin su autoridad, ¡muchos se sentirán desorientados e inseguros!

Pero sólo cuando apreciamos que el juego requiere al menos dos jugadores es que nos damos cuenta que si queremos generar poder adicional tenemos que dejar de participar en la competencia. En muchas ocasiones nos "encuentra" alguien que le dice al crítico: "¿Por qué tus comentarios siempre suenan tan críticos? Sé que esta no es tu forma natural de ser pero siento que es muy molesta".

Este comentario a menudo ocasiona tremendos cambios ya que, como sucede con los niños que son pescados en una acción de esas que "no se deberían hacer", la mayoría de las personas reaccionan con pena. Aun en el caso de que nuestro orgullo nos impida reaccionar abiertamente de esta manera, la verdad siempre resuena internamente y nuestra intuición nos indica que es el momento de avanzar. Sin nuestros hábitos secretos funcionando, la competencia pierde su atractivo y la energía liberada puede dirigirse hacia el propósito verdadero del viaje del alma en este planeta.

Todos estos juegos son innecesarios donde hay una autoestima saludable, la cual se desarrolla mediante la habilidad de perdonarnos a nosotros mismos y liberar los antiguos dolores, culpas y otras emociones recurrentes. Muchas personas creen que no merecen perdón y no obstante, cuando reconocemos que expresamos un aspecto esencial del Creador, vemos que no hay nada que hagamos que no sea parte del todo. Todo se sabe en un cierto nivel y, dependiendo de nuestro deseo de ser responsables por nuestras acciones y de cambiar de acuerdo a ello, siempre habrá un resultado positivo para la conciencia global.

La autoestima persistente proviene de una creencia verdadera en uno mismo, en la apreciación de los esfuerzos realizados para caminar por el camino espiritual, la virtud para aceptar nuestros puntos débiles y la voluntad para aprender de toda experiencia. Con este grado de confianza, dejamos de proporcionar los anzuelos y los gatillos que se requieren para poder participar en los juegos.

Al haber perdido el interés como un oponente en el juego, ahora podemos continuar nuestra travesía con una mayor facilidad, un espíritu más ligero y la libertad de apreciar totalmente la belleza de la vida.

Como muchas otras personas en las profesiones relacionadas con la salud, he tenido que hacer malabares con la aspiración de servir a la humanidad y con el deseo de rescatar o *componer* a todos los seres humanos que me encuentro, lo que en último caso puede llevarnos al martirio o a tener sentimientos de resentimiento. Mi profesión es una tierra fértil ideal para cualquier prometedor mártir joven, garantizando que el mejoramiento y los cuidados únicamente vayan en una dirección. Sueño, alimentación y otras necesidades normales de los humanos se descartan cuando las voces de censura y cualquier señal de desacuerdo se enfrentan a los colegas con más antigüedad, que te dicen que ellos también trabajaron un número similar de horas en su juventud y que todo esto es parte del entrenamiento.

Estas palabras de reafirmación y estímulo duran sólo el tiempo que te toma considerar que, únicamente porque así era la práctica en el pasado, debemos seguir enviando a los niños a limpiar chimeneas. No obstante, el sutil chantaje emocional en el sector de la salud rara vez se relaciona con la abundancia excesiva de gente necesitada, sino más bien con la posición moral de que el servicio a la humanidad requiere sacrificio.

Se me había proporcionado una importante lección sobre cómo atraemos hacia nosotros aquello que creemos y cómo tu respuesta perpetúa inevitablemente la hipótesis. Hace unos cuantos años una amiga me telefoneó para preguntarme si estaba interesada en un día de descanso que incluiría sólo entretenimiento puro y ninguna obligación. Luego de escucharla y comprender, saqué mi propio guión, "¡Para ella está muy bien hablar de esto, yo no puedo tomarme un tiempo libre, la gente me necesita; no tengo tiempo para ese lujo!"

Mientras colgaba el teléfono, pensé, "Hombre, parece que tengo un problema. El mártir parece estar gobernando mi mente y mi vida. Y lo peor de todo, ¡de verdad creo lo que dice!"

A la mañana siguiente, mientras viajaba a mi trabajo, el tren entró a la estación del pueblo donde había hecho mi práctica médica siete años atrás, y en ese momento se oyó un grito, *"¿Hay un doctor en el tren?"*. Dándome cuenta que nadie se movía, avancé y llegué hasta el vagón donde una niña se había desmayado. Cuando recuperó el sentido completamente regresé a mi asiento y reconocí que no había sido una coincidencia que nos hubiéramos detenido en una localidad donde el cuidado de los enfermos había sido una parte importante de mi existencia.

Mientras avanzábamos hacia Londres reflexioné que mi papel como rescatista había infiltrado muchas áreas de mi vida, incluyendo mis relaciones más cercanas, donde el desequilibrio en el flujo de energía entre nosotros, estaba empezando a causar estrés y resentimiento. Sabía que la respuesta estaba en mis manos y reconocía que durante varios años me había sentido llamada a proporcionar ayuda a amigos y extraños por igual, lo cual llevé a cabo con sinceridad. No obstante, podía ver que me estaba ocultando detrás de este papel y necesitaba encontrar quién era realmente y el verdadero valor del amor.

Cuando llegué a la clínica di la noticia y comencé una nueva fase de mi viaje, actuando desde una posición de integridad espiritual en lugar de hacerlo desde las expectativas expresadas por la sociedad. Aún me importan las personas, aún amo, pero he aprendido el valor de los límites correctos y la sabiduría de saber que enseñar a otras personas a escuchar su guía interior y sus mensajes corporales, es mucho más valioso a largo plazo que simplemente rescatar y arreglar a todos.

El uso correcto de la energía: la activación psíquica

Conforme la intuición en desarrollo pasa a través de esta etapa del viaje, nuestro sexto sentido, o poder psíquico, se activa dándonos la habilidad de experimentar la vida más allá de los cinco sentidos físicos. Conocemos herramientas de la conciencia como *clarividencia, clariaudiencia, telekinesis (psicometría)* y *telepatía,* las cuales nos permiten entrar en los reinos sutiles de la existencia, donde residen el misticismo, la transformación espiritual y la relación verdadera.

Algunas personas están muy dotadas en esta área, a menudo desde la infancia, mientras que otros desarrollan estas destrezas mediante el estudio y la voluntad de estar abiertos a nuevas experiencias. Fui muy afortunada al asistir a *círculos de desarrollo psíquico,* donde la enseñanza combinaba el mejoramiento de nuestros talentos con la sabiduría espiritual. Aquí estudié las herramientas mencionadas anteriormente, además de la escritura automática, la canalización y la *lectura* de las energías sutiles, todo lo cual estimuló mi conciencia acerca de otras dimensiones de existencia y también despertó mi apetito por saber más.

A pesar del florecimiento espiritual que viene con el desarrollo psíquico, esta consciencia aumentada también puede ocasionar que nos sintamos molestos; esto puede ocurrir conforme nos volvemos cada vez más sensibles a las atmósferas y a los pensamientos y sentimientos de otras personas, y hasta que aprendemos a manejar esta energía poderosa.

La conciencia psíquica se procesa a través del centro de energía llamado *plexo solar* (situado en el área del estómago), el cual está involucrado con el desarrollo de una autoestima saludable y es el asiento de nuestras emociones. El plexo solar actúa como una gran antena de disco de satélite, que rastrea la atmósfera buscando energías sutiles y en particular, cualquier cosa que pudiera amenazar la confianza del individuo, transmitiendo la información en forma de sensaciones.

Este centro se desarrolla altamente en aquellos niños que viven en hogares difíciles donde la comunicación es pobre o incongruente, donde hay enojos irracionales o donde los cambios de humor son algo común. Aquí, el niño usa su rastreador para detectar cambios sutiles y responder de acuerdo a ello, ya que la supervivencia es el nombre del juego.

Desafortunadamente, aun luego de que la amenaza disminuye, muchos adultos continúan confiando por completo en los impulsos de este centro, conocidos como *corazonadas básicas,* y fallan en escuchar a su sabiduría intuitiva.

El problema es que los mensajes psíquicos que se reciben no sólo reflejan las circunstancias presentes, sino que también tocan cualquier emoción relacionada con incidentes similares en el pasado, en especial cuando la autoestima del individuo fue amenazada.

Por ejemplo:

Te presentan con alguien que tiene el mismo nombre que un colega tuyo, con el que tuviste un desacuerdo serio en el pasado. Al escuchar su nombre, tu primer impulso te dice: "aléjate de esta situación tan pronto sea posible". Sin embargo, cuando esperas y escuchas tu intuición dice: "¿No es el momento de que resuelvas esta situación?, termina los asuntos que quedaron pendientes y disfruta el encuentro con este nuevo amigo".

Los niños del presente están mucho más sensibles a todos los niveles de comunicación sutil que en el pasado, y por ello son más vulnerables a las influencias exteriores, en especial aquellos que se encuentran en el nivel emocional. Ellos detectan fácilmente los estados de ánimo de sus padres y, en el caso de desarmonía, pueden abrumarse por su inhabilidad para *"hacer que las cosas vayan bien".*

Se les necesita enseñar cómo estar bajo la guía de su propia intuición, en lugar de ser dominados por sus corazonadas básicas.

Algunas sugerencias para una conciencia psíquica saludable:

1 Crea límites razonables donde tus necesidades de tiempo y espacio sean respetadas.

2 Aprende "a contar hasta diez" antes de dar una respuesta; o bien diciendo: "Enseguida regreso", lo cual te proporcionará tiempo para pensar.

3 Habla desde el corazón en lugar de hacerlo desde el miedo.

4 Actúa, no reacciones, respondiendo a la acción no al actor.

5 No permitas que las "corazonadas básicas" pasen por encima de los destellos de la intuición.

Sobrecarga

Mientras se desarrollan los poderes psíquicos es importante modificar la información que entra con el fin de prevenir una sobrecarga. Imagina caminar en un cuarto y recoger todos los sentimientos y pensamientos que se han expresado en ese momento. Si esto te ocurre, es muy importante suspender tus habilidades psíquicas al entrar a una habitación o aprender a transmutar el flujo de entrada excesivo de la corriente al sistema para evitar que se funda.

Esto último se puede conseguir mediante:

- Enviar la energía hacia el suelo y pedirle a la Madre Tierra que la trasforme en energía para el bien.
- Enviarla hacia la Luz y pedirle que envíe Luz pura a aquellos que la necesitan.

Durante esta fase del desarrollo puede ser necesaria la *protección psíquica*, en especial cuando se introduzca uno en entornos desconocidos, donde haya estrés innecesario, o en la presencia de alguien que te extrae fácilmente tu energía, (aunque el reconocer su influencia en ti y sellar la fuga de energía es mucho más efectivo).

Métodos de Protección:

1 Imagínate rodeado por una luz blanca, la cual puede tomar la forma de un huevo, extendiéndose por debajo de los pies. La luz blanca contiene todos los colores del arcoiris y por consiguiente refleja cualquier otra energía de regreso a su fuente.

2 Colócate en medio de una pirámide dorada, con un piso dorado bajo tus pies. La luz entra por la cúspide y todas las otras energías que no son benéficas para el alma se reflejan de regreso hacia su fuente.

3 Imagina un espejo enfrente de ti, con la superficie reflejante hacia la otra persona. ¡Recibir de regreso nuestra propia energía puede tener un efecto sorprendente!

4 Visualiza la entrada del plexo solar como una flor que se cierra por la noche.
5 Si todo esto falla, haz lo que sientas natural y cruza tus brazos sobre tu plexo solar.

Conforme las habilidades psíquicas se vuelven más manejables y la energía del alma se vuelve más fuerte, la protección se desarrollará internamente y los métodos mencionados anteriormente sólo se requerirán en ciertas ocasiones específicas. La protección psíquica es similar a usar una cubierta de yeso en una pierna rota, proporcionando seguridad mientras el hueso se repara. Sin embargo, cuando la curación se ha terminado, el yeso debe removerse ya que de otra forma se obstaculizará el movimiento. El uso persistente de la luz blanca obscurecerá el poder infinito de nuestra luz interior y sugiere que nunca se podrá confiar en el mundo exterior, con la posibilidad de atraer hacia nosotros aquellas cosas que más tememos.

Una de las fuerzas interiores más grandes es la habilidad que viene del corazón. Cada vez que me encuentro en entornos desconocidos, deliberadamente muevo mi conciencia dentro de mi corazón y siento el flujo de amor y paz hacía mi misma y hacia aquellos con los que me reúno. Los resultados han sido notables y funcionan especialmente bien cuando nos encontramos con animales agresivos cuando trotamos, ¡ya que ellos están tan precavidos de mi acercamiento, como yo lo estoy de su aparición repentina!

Honrando el espacio sagrado

Cuando recibimos información a través de nuestros sentidos psíquicos, es tentador caer en el papel del rescatista, usando nuestro conocimiento para "componer" a la otra persona, creyendo que este es nuestro regalo a la humanidad. Sin embargo, a pesar de las buenas intenciones, podemos cometer el error de fallar en nuestro *servicio*, ya que entrar al espacio sagrado de otra persona sin permiso va contra la Ley Universal.

Decir: *"Hay un área oscura sobre tu corazón"*, *"Te ves cansado"* o *"Te envío energía curativa, ya que pienso que la necesitas"*, hace muy poco para elevar la moral del receptor y sólo puede beneficiar el ego de la persona que proporciona la información y su necesidad de estar en control. De manera similar, abdicar a la responsabilidad por nuestros pensamientos al decir: *"Sólo estoy transmitiendo lo que me dicen mis guías, pero en realidad no sé lo que significa"* o *"Veo muchos colores a tu alrededor. ¿Sabes algo acerca de los colores?"*, indica fuertemente el deseo de jugar juegos de poder, no sólo con el cliente sino también con el mundo espiritual.

Decir abruptamente cualquier información que se haya recibido psíquicamente sin ninguna consideración, no está alineado con el propósito de la sabiduría intuitiva, porque sólo es a través de la compasión y el amor que aprendemos como manejar la información que recibimos, sabiendo cuándo hablar y cuándo permanecer en silencio.

Cuando era una niña pequeña estaba consciente de poder leer la intención de aquellos que conocía y sentir el estado de sus energías sutiles. Esto último resultó muy útil en mi trabajo, pero embarazoso en mis nuevas relaciones, ya que encontraba innecesario el periodo para *conocer a alguien* y a menudo era acusada de no darle una oportunidad a alguien más. En otras ocasiones, mi habilidad para leer los pensamientos interiores de las personas las dejaban sintiéndose invadidas y así, mientras yo experimentaba un sentimiento maravilloso de intimidad, ellas erigían barreras.

Agradezco que estas lecciones me hayan enseñado a respetar el espacio sagrado de otros, tendiendo a apagar mi receptor intuitivo a menos que estuviera trabajando, y decidida a estar totalmente presente en el momento, en lugar de estar observando y analizando la situación a la distancia.

Visión remota

Mis observaciones finales sobre el tema de los poderes psíquicos giran alrededor del interés en aumento en la visión remota, la cual es clarividencia practicada bajo normas estrictas y científicas, desarrollada originalmente en parte por un interés científico en los asuntos psíquicos, y en parte como una manera de reforzar la Inteligencia Nacional. La investigación ha cumplido con su objetivo al ofrecernos una mayor comprensión en el proceso de la conciencia y en el despertar de las personas a sus talentos internos.

Sin embargo, ya que esta práctica está alcanzando en la actualidad un campo mucho más amplio, incluyendo el mundo de los negocios, creo que la pregunta que se debe hacer es: *"¿Cuál es el propósito o la intención detrás de la acción?"*.

El propósito espiritual de la visión remota y la clarividencia es mostrarnos que podemos comunicarnos telepáticamente y que nuestra mente no está limitada a nuestro mundo de tres dimensiones. Cualquier expansión de la conciencia que resulte, siempre se encontrará con su fuerza polar, la cual puede ser mal empleada. Sugiero que aquellos que enseñan estas destrezas se pregunten a sí mismos: *"¿A quién sirve esto, a la Energía Universal o al individuo?"*.

La conciencia psíquica es una parte esencial de nuestra travesía, pero no es la meta. Nos ofrece herramientas que cuando se aplican de la mejor forma posible, benefician grandemente las destrezas requeridas para vivir la vida intuitivamente. Así que en esencia:

Si los poderes psíquicos son las notas, la intuición es la música

La expansión de la conciencia: hablando con nuestros guías

Conforme continúa el proceso de transformación, la práctica de la meditación nos ayuda a tener en mente la intención de nuestra alma, creando el espacio donde la sabiduría se incrementa y el amor se profundiza para apoyarnos.

Todos tenemos guías y seres queridos que nos apoyan a lo largo de nuestra travesía, y es en los momentos tranquilos de la meditación que el velo se adelgaza entre las dimensiones y podemos establecer contacto con ellos. Estos seres de luz vienen de diferentes fuentes e incluyen:

1 Nuestro propio ángel guardián que permanece con nosotros a través de nuestro viaje por la tierra. Es reconfortante saber que nunca estamos solos y que este guía amoroso siempre está disponible para nosotros; envíale un pensamiento y éste será escuchado.

2 Los individuos que se han ido al otro lado y con quienes estuvimos muy relacionados en este planeta, a menudo familiarmente; en especial la pareja, los padres, los abuelos o un tío o una tía favoritos.

3 Aquellos en el mundo espiritual pertenecientes a nuestra familia espiritual, a quienes nunca conoceremos en una forma física durante esta vida.

4 Seres del *deva* y de los reinos de la naturaleza, con quienes algunas personas tienen una afinidad natural.

5 Grandes maestros, arcángeles, ángeles e iniciados cuya energía vibratoria irradia y nos unifica con su Gran Propósito.

Nuestra alma vibra a una frecuencia específica, la cual establece el tono de la cualidad y el propósito de nuestra experiencia de vida. Esto significa que resonaremos al nivel más profundo con todos los seres con conciencia, cualquiera que sea su estado, que vibren con la misma frecuencia. Esta conexión especial entre nosotros y el mundo del espíritu significa que podemos experimentar personalmente las alas poderosas de un ser angélico, la sabiduría de un arcángel y el palpitar de un gran maestro.

En el mundo físico esta unión nos conduce a situaciones donde podemos establecer casi una conexión instantánea con alguien que acabamos de conocer y ¡pasarnos toda una vida tratando de identificarnos con algunos miembros de nuestra familia!

Con frecuencia, la presencia de individuos de nuestra familia espiritual en nuestra vida es dulce y familiar, basada en el hecho de que ya hemos estado juntos muchas veces en el pasado. Hemos sido enamorados, padres, hermanos, amigos y maestros, y en muchas ocasiones hemos actuado como espíritus guías unos con otros, proporcionando el beneficio de un punto de vista general.

Cualquiera que sea el papel que tomemos, trabajamos como un equipo, con aquellos que están en el mundo inmaterial tan dependientes de nuestras acciones para su expansión de conciencia, como nosotros lo estamos de su guía. Realmente es valioso recordar que mientras que nuestros ancestros nos guían, nuestro regalo para ellos es tomar el trabajo que ellos no tuvieron el tiempo o la habilidad para finalizar. Al aceptar esta tarea, estamos completando el karma familiar y liberando a las almas en todos los niveles para continuar su viaje sin ser molestados por llevar equipaje innecesario.

Aquellos que vienen de la luz por lo general se presentarán ante nosotros en una forma que encontramos universalmente aceptable. Por consiguiente, muchas personas tienen guías de la cultura nativa americana, de órdenes religiosas, de la civilización egipcia, del oriente y de otras razas indígenas de este planeta. Lo que buscamos es su luz, su amor y su sabiduría, y no siempre es importante saber el nombre o tener una imagen visual de los guías que trabajan contigo.

Al hablar en público, con frecuencia me hablan dos guías que están presentes durante mi exposición, una monja y un caballero chino. Por lo general estoy consciente de su presencia debido a que el tema que está siendo canalizado a través mío, a menudo descubro que tiene el humor sutil del caballero oriental, lo cual es una gran bendición y un gran alivio cuando intento explicar asuntos esotéricos complejos.

Conforme expandimos nuestra conciencia, las frecuencias de nuestros cuerpos de energía se aceleran y nos volvemos conscientes de los nuevos niveles de comunicación que ahora están disponibles para nosotros. Por lo común es una ocasión cuando existe una transferencia de responsabilidad de un guía a otro y nosotros podemos darnos cuenta del cambio en la cualidad de la información que está entrando a nuestro campo de conciencia.

Con frecuencia imagino que en los momentos en que estoy especialmente lenta en apreciar el cuadro general, o cuando vacilo al tomar una decisión o desaparezco en una niebla de preocupaciones inmateriales, mis guías tienen una reunión de emergencia y ¡me ponen en venta en una subasta al mejor postor!

Sé que esto nunca sucedería pero el pensamiento me hace reír y fortalece el lazo entre nosotros.

Una pregunta común que me hago es: *"¿Cómo sé si estoy en contacto con un guía o sólo escuchando una parte de mi misma?"* La respuesta es que, en tanto pidas que la orientación provenga de *la Luz* y con el *deseo de no dañar*, entonces cualquiera que sea la fuente, el mensaje siempre estará en armonía con la esencia de tu alma.

Sin embargo, diré que la guía que recibo del mundo espiritual a menudo está más allá de mis propias experiencias en la vida y que estoy eternamente agradecida por su visión general de las cosas.

A pesar de una relación estrecha, el mundo espiritual no puede sobrepasar mi libre voluntad sin afectar su propio karma. Por consiguiente, aunque sean capaces de transmitir consejo y estímulo a través del canal de la intuición, no nos pueden manipular y sólo pueden estar a la expectativa y cuidarnos si escogemos concentrarnos en el glamour o las tentaciones del astral más denso y los mundos materiales.

La mayoría de los padres reconocerán este dilema mientras observan a sus hijos meterse en situaciones que se ven desastrosas desde afuera. Sin embargo, en retrospectiva todos reconoceremos que algunas veces es necesario trabajar a través de estas experiencias con el fin de volvernos más fuertes y más amorosos hacia nosotros mismos y hacia los demás.

Conforme tenemos más edad, aprendemos el valor de escuchar la sabiduría de la experiencia, aunque siempre habrá aquellos cuyo orgullo les impide pedir ayuda alguna vez, ocasionando que su viaje se haga más largo y laborioso.

En muchas ocasiones sólo pedimos ayuda en tiempos de crisis, con frecuencia mediante el poder de la oración, no obstante, los guías siempre están ahí para ayudarnos.

¡Todo lo que necesitamos es pedir!

Desde luego que esto no significa que nuestras necesidades siempre serán satisfechas, pero podemos aprender que cuando estamos desesperados, podemos dejar a un lado nuestras ansiedades acerca de un problema en particular y ver como ocurren milagros. Esperar hasta el último momento cuando todo ha fallado es una forma de avanzar por nuestro camino; un método más sencillo es hacer un espacio para la meditación y la oración en forma diaria, lo cual ayudará a desarrollar un canal adecuado para comunicaciones y apoyos invaluables.

Otras veces podemos sentir que hemos sido abandonados y somos incapaces de comprender que si existe un Dios, cómo es posible que se pueda permitir tanto sufrimiento, y por qué un ángel guardián parece abandonarnos en esos momentos difíciles. Se me dio esta analogía para proporcionar alguna apreciación de la situación.

Analogía: Se me mostró a un niño enfermo siendo confortado por sus padres, cuyo deseo natural era aliviar el sufrimiento y que estarían muy felices de tomar el dolor sobre sí mismos. Ellos sabían que esto no era posible y que podría ser necesario internar al niño en un hospital para someterlo a más exámenes o incluso a una operación, lo cual ocasionaría más estrés.

El niño encuentra difícil entender el hecho de que el dolor puede llevar al alivio y no puede comprender por qué las personas, que profesan amarlo, se rehusan a alejarlo de la fuente de su angustia. Los padres sólo pueden estar ahí ofreciendo amor, apoyo incondicional y seguridad de que las cosas mejorarán, sabiendo que la confianza que se ha formado con los años será el factor más crucial en todo el episodio.

Creo que aquellos que nos cuidan desde el mundo espiritual sienten nuestro dolor con el amor de esos padres que observan al niño enfermo, deseándonos que nos mantengamos en la ruta de la esperanza, la cual nos guiará de nuevo al estado de plenitud espiritual. Es únicamente cuando podemos ver nuestra vida desde la perspectiva del alma que comenzamos a comprender nuestro paso por la tierra y comprender que donde hay amor hay esperanza.

Cuando creemos que somos amados y sentimos que nos amamos a nosotros mismos entonces todas las situaciones ofrecen la oportunidad de aprovechar nuestra esencia espiritual y convierte en obsoletas las emociones como la culpa, el miedo, la desesperanza, la vergüenza y la autocrítica.

El mundo espiritual es esencial para la vida humana y mantiene una relación intrínseca, incluso sutil, con muchas áreas de la sociedad, incluyendo la política, la religión, la enseñanza, la salud y la exploración del espacio. La aceptación de su presencia se volverá más evidente en los siguientes años cuando nos damos cuenta que no estamos solos y que gran parte de lo que vemos en nuestro planeta es únicamente un reflejo de sucesos similares en diferentes estratos de la existencia.

En mi vida laboral, a menudo percibo el mundo espiritual como colores e imágenes rodeando a aquellas personas necesitadas, y sé que mi mente y mis manos son guiadas de manera que o rezcan el mayor beneficio. Si todos los practicantes pueden honrar y aceptar a sus ayudantes silenciosos y aceptar su ayuda, la curación se volverá mucho más efectiva y se extenderá naturalmente al nivel del alma.

Unas palabras finales de advertencia, si el "Tío José" carecía de sentido común en el plano Terrenal, recuerda que morir no le confiere automáticamente alas y sabiduría. ¡Las personas no cambian tan rápidamente! No te limites a ti mismo, ve por el oro, pidiendo estar enlazado con aquellos que representan tus más grandes aspiraciones.

Sé que mi familia y mis amigos más cercanos me ayudan desde el otro lado, pero reconozco que ellos son sólo una pequeña parte de una familia mucho mayor que es más importante que mis pensamientos, palabras y acciones, y que trabaja desde la Luz. La confianza que se ha construido mediante el amor, consejo sano y un sentido gozoso del humor, ha creado un magnífico lazo que guía y apoya mi trabajo, mi vida personal y el servicio universal.

Meditación: conociendo a tus guías

Ponte cómodo y cierra tus ojos.

Imagínate a ti mismo en el sendero.

Adquiere conciencia de la escena alrededor de ti; los colores, los olores, los sonidos, la sensación del viento o del sol en tu piel y del suelo bajo tus pies.

¿De qué está hecho el sendero? ¿Arena? ¿Tierra? ¿Pasto?

¿Qué hay a ambos lados del sendero?

¿Qué puedes ver adelante?

Tienes contigo una bolsa que puede ser de cualquier tamaño.

Abre la bolsa y extrae de ella aquellas cosas que decidiste que no llevarás contigo en tu siguiente etapa de tu viaje. Éstas pueden incluir emociones, creencias limitantes, relaciones vacías u objetos recurrentes.

Si hay algo que agregar a la bolsa, hazlo ahora.

Cuando estés listo, agarra la bolsa y camina adelante a lo largo del sendero.

Deja que tus sentidos aprecien el escenario cambiante mientras avanzas.

En este momento se acerca a ti alguien del mundo espiritual que te ama intensamente.

Puede ser alguien a quien has conocido en el plano terrenal o alguien a quien reconoces como un guía espiritual.

Se saludan uno al otro y tú eres envuelto en su amor incondicional hacia ti.

En este momento puede ser apropiado hacerles una pregunta a los que se encuentren ahí; haz la pregunta y escucha la contestación.

Camina un poco en compañía de ellos, recuerda el lugar especial que ocupan en tu vida.

Ha llegado el momento de que se vayan, así que te recuerdan que siempre estarán presentes para ti en algún nivel.

Antes de irse te darán un presente para ayudarte en tu camino. Recibe el presente.

Quizá desees darles algo en agradecimiento. Entrega tu presente.

Despídete y observa mientras se alejan caminando, dejándote parado en el camino, con tus sentimientos, tus pensamientos y tu obsequio.

A su debido tiempo, trae lentamente tu conciencia de nuevo a la habitación; sé consciente de tus manos, tus pies y también de tu respiración y, cuando estés listo, abre los ojos.

Este ejercicio se puede repetir cada vez que te sientas solo, confundido o si sólo necesitas ser incluido dentro de ese maravilloso círculo de amor.

Capítulo 5

Liberación del pensamiento: Clarificando un camino a través de la mente

Un momento de iluminación a veces es más valioso que la experiencia de una vida.

Oliver Wendell Holmes, *El Profesor en la Mesa del Desayuno*, **1809-1894**

La siguiente etapa del viaje requiere que aclaremos un camino a través de la miríada de formas de pensamiento que se han producido a lo largo de los años y que decidamos cuáles conservar y cuáles descartar. Es fácil para nuestra mente imaginarse un ático atestado con las ideas y aspiraciones que uno ha tenido en algún momento de su vida. Pero ahora llenan en forma desordenada este espacio especial debido a nuestra tendencia a acumular, ya sea por sentimentalismo o con la convicción de que algún día le hallaremos utilidad a estos conceptos descuidados.

Las formas de pensamiento son creadas por el importante cuerpo mental siempre en crecimiento, y que concentra y estructura aquellos aspectos de nuestras vidas que nos traerán desarrollo, contribución y armonía espirituales. Desafortunadamente, muchos de nuestros problemas personales surgen de una falta de voluntad para renunciar a las formas de pensamiento que ya no nos sirven o por usarlas como un medio de evitar el cambio y a menudo, paradójicamente, de evitar alcanzar todo el potencial del alma y la felicidad máxima.

Los pensamientos toman tres formas, las cuales son extremadamente valiosas y reflejan el lugar de la humanidad como cocreadoras en este mundo de materia. Ellas se pueden describir como:

1 **Aquellas que son adquiridas, aprendidas o pasadas a través de las generaciones**, a menudo como reglas, lemas o creencias, proveyendo una estructura y significado al mundo que habitamos, sin lo cual habría un caos. Algunas de estas formas de pensamiento son el resultado de la experiencia personal previa, el simbolismo familiar y la ética social, mientras que otras

surgen de instituciones globales pertenecientes a la ciencia, la filosofía, la política, la educación y la religión.

2 **Aquellas que son creadas para traer razón y estabilidad a una situación**, donde el componente emocional tiene el potencial de abrumar. Estas formas de pensamiento nos permiten elevarnos por encima de las aguas turbulentas de nuestro cuerpo emocional o de deseos, impidiendo que nos ahoguemos en nuestros sentimientos y que reaccionemos inconscientemente a toda situación que parezca una amenaza.

3 **Aquellas que rodean a una idea** que, aunque es inspirativa, es relativamente nebulosa y requiere cierto enfoque para manifestarse. Es la intuición la que supervisa este proceso, aceptando la ayuda de la lógica y las emociones para traer el espíritu a la materia de acuerdo con el Gran Plan.

Nuestros pensamientos crean nuestra percepción de la realidad

Es bien sabido que la *energía sigue al pensamiento,* aunque la mayoría de las personas todavía se sorprenden cuando alguien en quien han estado pensando súbitamente telefonea, o cuando algo que imaginamos que sucedería, se realiza. Conforme entramos en la Era de Acuario es vitalmente importante que aceptemos nuestra función como cocreadores en este mundo, teniendo en cuenta que esto incluirá de manera inevitable aquellas cosas de las que estamos orgullosos, ¡así como las situaciones que preferiríamos olvidar!

En términos científicos, se ha visto que dentro del mundo molecular, sólido, la fuerza gravitacional de la Tierra juega un papel importante en determinar la velocidad y la dirección del movimiento de cualquier objeto. Sin embargo, en un nivel subatómico, los detalles son menos sencillos de definir con la gravedad ejerciendo un efecto mínimo.

Aquí vemos en acción el Principio de la Incertidumbre de Heisenberg, mostrando que el movimiento de las partículas como protones, neutrones, etcétera, no puede establecerse con precisión **sin** considerar la influencia de otras fuerzas electromagnéticas, lo cual **debe** incluir los impulsos eléctricos de la mente.

Por consiguiente, conforme nuestra conciencia se expande más allá de los confines del mundo material y abarca las fuerzas vibratorias superiores de la lógica y la intuición, nuestros pensamientos juegan cada vez más un papel importante en la creación de nuestra realidad.

Esto nos muestra lo importante que es estar conscientes de nuestros pensamientos y rechazar aquellos que ya no sirven al propósito de nuestra alma o al bien común. Este proceso de selección requiere que comprendamos los tres niveles de creación de formas de pensamiento, los cuales serán explicados con mayor detalle.

Formas de pensamiento aprendidas

El conocimiento habita en cabezas repletas con pensamientos de otros hombres; la sabiduría en las mentes atentas a los pensamientos propios.

William Cooper, *La Tarea*

Estas creencias adquiridas por lo general han sido desarrolladas y recolectadas durante muchas generaciones, pasadas a través de varios medios como la palabra hablada, la poesía, las canciones, la danza, el arte y la palabra escrita.

Su origen real con frecuencia se ha perdido en la noche del tiempo, y para los individuos que todavía están relativamente inconscientes y que dormitan bajo las leyes tribales, estas formas de pensamiento representan la ruta más importante sobre la que está estructurada su vida.

El cerebro almacena creencias acerca de la mayoría de las cosas, y éstas son expresadas en términos del individuo y de intereses globales:

- *"Yo creo/sé/siento que..."* (Creencia individual).
- *"El mundo es/ la vida es/ los niños deberían ser/..."* (Creencia global).

Muchos de estos conceptos o percepciones propios sólo se resbalan de la lengua para afuera. A continuación incluyo unas cuantas frases comunes que he escuchado mientras enseñaba, y te pido que observes lo que te viene a la mente cuando revisas tus creencias personales asociadas con los siguientes temas:

- Yo: ...*"¿Quién eres?"*

  "Estoy casada, tengo tres niños y trabajo en una oficina".

  (Es muy fácil sepultar nuestro sentido del yo debajo de nuestra identidad en el mundo... *"¿Quién eres* ***tú****?"*.
- Amor: ... *"Me siento amado cuando le agrado a las personas"*.

  (Esto exige mucho del mundo, en donde inevitablemente, ¡habrá alguien que se sienta indiferente hacia ti!).
- Relaciones, parejas y amigos: ... *"Los amigos están fielmente contigo en las buenas y en las malas"*.
- Familias, incluyendo hijos y padres: ... *"Esto sólo debe saberlo la familia; no dejes que nadie fuera de ella se entere de nuestros asuntos"*.

- Salud y enfermedad: ... *"La salud es la tranquilidad mental"*.
- Dinero: ... *"El dinero no crece en los árboles"*.
- Apariencia e imagen física: ... *"Eres tan viejo sólo como te sientes"*.
- Trabajo: ... *"Trabaja, trabaja, trabaja y cuando termines de trabajar, ¡sigue trabajando!"*
  (Referido durante una visita a un país anteriormente comunista).

No tengo ninguna duda sobre el poder de estos pensamientos, reconociendo escenas de mi propia vida y de la de otros, las cuales son creadas una y otra vez en respuesta a una creencia sostenida durante mucho tiempo.

En mis clases sobre medicina de la mente y el cuerpo, le pido a los participantes recordar lo que sucedió cuando estaban enfermos en la infancia y también que recuerden el efecto de la enfermedad en los parientes que compartían el mismo hogar.

En el mundo occidental, el 70 por ciento de la audiencia me dirá que recibieron más atención y cuidados cuando estaban enfermos que cuando se encontraban sanos.

Aunque esto es perfectamente entendible, también hace resaltar un factor importante detrás del surgimiento de la enfermedad, un factor que no creo que está siendo atendido en los programas de salud en general.

Mi afirmación no es que las personas están fingiendo estar enfermas, sino que muchas aprenden que, a menudo, sólo mediante la enfermedad reciben el amor y el apoyo que se les debería dar, sin tener que jugar a la *ruleta rusa* con su cuerpo. nicamente mediante la comunicación honesta, la voluntad de dar sin condiciones y las habilidades para cuidarse a uno mismo, es que se logrará una curación a fondo.

En una línea secundaria, un cierto número de participantes cuestionados reportó que se le dijo que *"ejerciera su mente sobre la materia"* y que *"siguiera intentando"*. Ahora, en su vida adulta, estos individuos tienen una marcada tendencia a no prestarle mucha atención a cualquier enfermedad, con frecuencia en su perjuicio, o bien a no trabajar al más ligero síntoma de gripe. El control mental y la negación son poderosos mecanismos de copiado, pero pueden ser inapropiados cuando la fuerza de vida del individuo es incapaz de superar el estado enfermizo sin ninguna intervención externa.

Nuestro intelecto crea creencias con la intención positiva de proporcionarnos orientación, señales en el camino y advertencias, de forma que podamos hacer nuestro viaje tan suave como sea posible. Sin embargo, es importante revisar nuestro equipaje mental de manera periódica y deshacernos de lo que ya no sirve en base a las circunstancias actuales.

La función de la intuición en esta sesión de *limpieza* es crear escenarios que reten nuestros patrones de pensamiento y usar nuestros sentimientos como indicadores confiables del grado de resonancia entre la creencia y la esencia de nuestra alma. Por consiguiente, cuando nos sentimos frustrados, restringidos o deprimidos por una situación, por lo general hay una creencia subyacente que necesitamos cambiar con el fin de permitirnos fluir de nuevo con el río de la vida.

Sin embargo, hay ocasiones cuando preferimos nuestra propia versión de la verdad, rehusando ver las señales de peligro que son tan obvias a todos los demás, necesitando una crisis o una verdadera inundación de amor incondicional para detenernos en nuestra ruta.

Otro paso importante es volverse conscientes de la secuencia de pensamientos detrás de las acciones de uno y preguntarnos si todavia es importante.

Una anécdota

Una esposa recién casada está preparándose para cocinar una pierna para una cena familiar. Cuando coloca la pierna en un sartén, su esposo le dice:

"No vas a poder cocinar una pierna como esa, vas a tener que cortarla a la mitad y cocinarla en dos sartenes".

"¿Por qué?" pregunta la joven esposa, añadiendo: "¿Quién te dijo eso?".

"Mi madre". Así que van a preguntarle a la madre. "¿Cómo cocinas una pierna?"

"La cortas a la mitad y la colocas en dos sartenes", responde la madre.

"¿Quién te dijo eso?", pregunta la pareja al unísono. "Tu abuela", responde la madre.

Así que van a ver a la abuela. "¿Cómo cocinas una pierna?"

"Bueno, la cortas a la mitad y la colocas en dos sartenes", contesta la anciana.

"¿Por qué?" preguntan todos. Y la abuela responde con una respuesta sencilla: "¡Porque únicamente tengo dos sartenes pequeños¡"

La lógica y la razón están fundamentadas en la práctica y la experiencia, pero hay ocasiones en que necesitamos, ¡reafirmar nuestras creencias y progresar con los nuevos tiempos!

Gran parte del conocimiento aprendido se enseña de memoria, en la forma del perico, sin cuestionarse, con el entendimiento tácito de que cualquier cambio podría causar una seria inestabilidad a la estructura básica de las familias, los países, las culturas e incluso el planeta. Esto es muy evidente durante las discusiones gubernamentales referentes a la posible existencia de vida en otros planetas y a la posibilidad de que haya habido alguna comunicación con los OVNIs. En la actualidad existe una creciente evidencia que muestra que mucha información al respecto ha sido suprimida, aunque las "autoridades" insisten que ellas sólo están tratando de evitar el pánico social.

Esta curiosa creencia de que los OVNIs serán recibidos con miedo me hace preguntar por qué es necesario crear un *enemigo externo* y sugiere que una reunión con ellos que sea más armoniosa podría amenazar a aquellos que gobiernan nuestras vidas en el presente.

Pienso que el enfoque paternalista de los creadores de leyes no siempre toma en cuenta la creciente accesibilidad de vastas cantidades de información para cualquier persona con el aparato receptor adecuado, a través de sistemas como el Internet y la extensa cobertura de los medios de comunicación. Siempre será necesario un cierto grado de reglamentación social mediante el desarrollo de leyes y reglamentos. Pero ésta debe ser diseñada mediante un consenso que honre y respete la sabiduría de todas las almas en este planeta, cualquiera que sea su edad, raza o género, y que estimule la responsabilidad individual.

La información nos está llegando desde varios niveles, exigiendo una expansión de la conciencia en línea con el Pensamiento Universal. Es parte del viaje intuitivo no sólo descartar los pensamientos innecesarios o inválidos, sino también ser lo suficientemente flexibles mentalmente para integrar hechos que nos traerán una mayor comprensión a nuestra existencia.

Como estudiante de medicina, se me enseñó (como a muchos otros antes y después de mí), que el dolor de la angina de pecho se irradia desde el corazón, hacia abajo del brazo izquierdo y hacia los dedos. A pesar de saber que los nervios que conectan el corazón y los dedos son diferentes, estaba feliz de aceptar esta anomalía proveniente de los labios de mis reverenciados profesores. ¡Y eso ocurrió hasta que comencé a enseñar!

Convertirte en un maestro realmente te hace bajar a la tierra con rapidez, haciendo resaltar los límites de tus conocimientos.

"¿Si el nervio es diferente, por qué el dolor viaja hacia abajo del brazo?" pregunta el ferviente estudiante que está tratando de atrapar cada palabra tuya, mientras tú tratas desesperadamente de borrar el tema.

No fue sino hasta que estudié los meridianos o líneas de energía de la medicina oriental que se resolvió el acertijo. Descubrí que era el meridiano del corazón el que hacía la conexión, extendiéndose desde el corazón hacia el brazo y hasta el dedo meñique. ¡Por fin podía pararme enfrente de la clase con una respuesta válida!

Y así, gran parte de la medicina ortodoxa no tiene una explicación racional y no obstante, muchos compañeros de mi misma profesión no están dispuestos a ampliar su conciencia e ¡incluyen temas que ellos mismos ven como ilógicos!

El mito de un hombre es la razón de otro

La razón es en sí un asunto de fe. Es un acto de fe afirmar que nuestros razonamientos tienen alguna relación con la realidad.

G. K Chesterton, *Ortodoxia,* **1874-1936**

El diccionario describe un mito como *"Una narración puramente ficticia, generalmente implicando personajes sobrenaturales y uniendo creencias populares con los fenómenos naturales".* Con una mente con criterio es evidente ver que todas las culturas incluyen un cierto grado de mitología, algo de la cual es más visible que otra, dependiendo de la sociedad de que se trate.

No obstante, el mito de alguien es la razón de otra persona. Es sólo un asunto de perspectiva y es arrogante y cándido ridiculizar las creencias de otros sin examinarlas primero con la lógica.

Nuestro conocimiento de la historia de este planeta es extremadamente limitado y con frecuencia depende del razonamiento y la conciencia de los arqueólogos y los científicos del momento. Sin una conciencia intuitiva estos expertos únicamente sintetizan lo que se ha descubierto con conocimiento previo y crean un mito que luego se enseña en nuestras escuelas.

Sin embargo, muchas de estas suposiciones son argumentadas por las personas que han tomado lo que ellas han descubierto y lo han aplicado a un cuadro mucho más amplio. De aquí que se hayan generado teorías totalmente diferentes referentes a Centroamérica y a Egipto, sugiriendo que fueron civilizaciones altamente desarrolladas hace 12,000 años, y que parecen haberse desarrollado de culturas cuyos orígenes se remontan a más de 100,000 años. Esta nueva evidencia desacredita la teoría de que el hombre fue primitivo hasta aproximadamente el año 4000 a. C.

Mi visión es que en los siguientes 15 años, los libros de texto de historia, geografía y ciencia necesitarán ser reescritos para incluir nuevos y excitantes descubrimientos. Sin embargo, también creo que no pudimos alcanzar este punto con anterioridad debido a nuestras habilidades mentales limitadas y al hecho de que hay un tiempo exacto para todo.

Se me ha mostrado que el mundo espiritual tiene la habilidad para retener ciertos *objetos* dentro de la 4a., la 5a. e incluso la 6a. dimensiones, fuera del alcance de nuestro campo visual tridimensional y que cuando es importante que ocurra un cambio mayor en la conciencia humana, estos objetos toman forma física y son *descubiertos*.

Cada leyenda o mito tiene algo de verdad en algún punto del tiempo.

Existen ciertas culturas donde los mitos relacionados con el mundo sobrenatural son parte del material normal para la elaboración de leyes. Esto es verdad en Irlanda, donde muchas personas tienen un *anillo encantado* en sus tierras, que por lo general consiste de un círculo de árboles en donde se cree que juegan las hadas. Ningún hombre o mujer irlandesa consideraría jamás la posibilidad de cortar esos árboles y hacer una construcción en ese lugar; en consecuencia, los caminos tienen unas curvas interesantes para evitar los anillos sagrados.

Cualquier extranjero que ha rechazado esta norma común ha sufrido un desastre tras otro y finalmente ha abandonado su proyecto original. Lo que se encuentra detrás del mito no está claro, pero sospecho que está muy relacionado con la preservación de las energías de la tierra, esenciales para la abundancia del terreno.

Mitos como éste representan una forma de pensamiento colectivo que tiene un tremendo poder y juega un papel importante en situaciones similares a la del efecto del placebo, la curación por fe, el apoyo del equipo y la oración. Como veremos en el siguiente capítulo, debe ser inherente en aquellos que cultivan el mito, responsabilizarse por el efecto de su manifestación.

En el campo de la medicina global, he tenido el privilegio de observar a los chamanes producir imágenes en la arena, que representan el estado de salud de un individuo en ese momento. Mediante el movimiento cuidadoso de granos específicos de arena, intentan cambiar el flujo de energía que va a través del paciente y de esta manera generar una cura.

En Japón, un procedimiento similar le pide al paciente que cree un arreglo floral que exprese su salud, usando su intuición en lugar de su intelecto. Entonces, el sanador quita o reubica ciertos tallos con el fin de producir una curación.

Tales rituales de curación difieren de los realizados en las culturas occidentales, al colocar al individuo en el centro de un cuadro global recordándole la naturaleza interconectada de todas las formas de vida, mientras también se le ayuda a adoptar un papel central en su propia vida. Percibo que la salud verdadera no se puede conseguir, aun cuando se restaure el bienestar físico, mientras el espíritu resida en la periferia de la conciencia humana.

Las palabras finales acerca de este tema provienen de mis experiencias en el hospital de Nueva Zelanda, donde la principal población de pacientes es maorí. Una de sus creencias era que si un ave volaba a través de la ventana de una casa, alguien en la casa moriría.

El clima era muy caluroso y húmedo ese verano en particular, y las ventanas estaban totalmente abiertas. Todavía puedo recordar el reto que un pequeño gorrión representaba para la medicina moderna, mientras volaba erráticamente por todo el pabellón del hospital, seguido por un equipo de europeos gritando, decididos a ayudarlo en su salida hacia el mundo exterior y observados con asombro por pacientes y visitantes que probablemente, ¡creían que esto era parte de nuestro particular ritual curativo!

Un escéptico puede decir que todas estas creencias son pura *curación de fe* donde la confianza en la técnica o en el curandero es la parte más importante de la cura. Yo estaría totalmente de acuerdo, aceptando el poder de la mente para curar, pero preguntaría si acaso la medicina moderna no confía también fuertemente en las esperanzas y la fe del paciente en el doctor, reforzado esto por una publicidad penetrante.

Lógica y escepticismo

Disfruto totalmente las discusiones con escépticos cuerdos que tienen un criterio amplio, pero tengo poco tiempo para aquellos que se aferran a sus preguntas y respuestas tradicionales sin tener nunca la disposición de considerar otra posición.

Mientras reconocemos la función que desempeñan las formas de pensamiento fijas, sugiero que todos observemos aquellas creencias a las que nos aferramos con tal tenacidad y devoción que sofocamos la llama de la creación, y que reconozcamos el temor a lo desconocido que por lo general se esconde detrás de un punto de vista escéptico. Debemos comenzar a emplear la investigación no para probar que sabemos o con el deseo de desaprobar la teoría de alguien, sino para usar lo que sabemos como un punto de partida para expander nuestro conocimiento básico y de aquí nuestro nivel de consciencia.

Emociones atrayendo formas de pensamiento

Aunque la función mental de la raza humana se está desarrollando rápidamente, nuestros sentimientos todavía juegan un papel poderoso, a menudo subconsciente, en dirigir muchas de nuestras actividades diarias. Al experimentar cualquier emoción, ya sea positiva o negativa, rodeamos esta descarga con una forma de pensamiento que somete las fluctuaciones implacenteras del cuerpo de deseos y proveen un significado a las situaciones de la vida. En otras palabras, creamos una creencia que hace la vida más fácil de manejar.

"Me siento de esta manera porque..."

La formación de esta creencia a menudo resuena con algo que ya sabemos acerca de nosotros mismos, adquirido mediante experiencias anteriores o incidentes de vidas pasadas.

"Sé que esto es verdad ya que me ocurrió antes".

Sin embargo, en nuestro deseo por encontrar un significado en el mundo inestable de las emociones, podemos construir una racionalidad que a un observador le parezca completamente irracional. Esta respuesta necesita distinguirse de una comprensión intuitiva, en donde también pudiera no haber una secuencia lógica de pensamientos que conduzcan a una conclusión, pero aquí el compromiso emocional es prácticamente insignificante.

La estimulación de los centros de energía también es muy diferente, con el chakra de la energía activándose en el caso de la intuición, mientras que las emociones tienden a centrarse alrededor del plexo solar, situado en la parte superior del abdomen, y originando corazonadas básicas.

Analogía: Vas a una entrevista de trabajo y no se te ofrece el puesto a pesar de un excelente *currículum*

vitae y teniendo en cuenta que te consideras ser un buen empleado. Más tarde, en silencio criticas vehementemente a las personas que te entrevistaron por no reconocer tu verdadero talento y entonces te convences a ti mismo que eras demasiado bueno para el empleo y que no lo aceptarías aunque se pusieran de rodillas y te suplicaran.

Sin embargo, la parte menos segura de ti mismo que está sintiendo el dolor del rechazo, comienza a buscar razones basadas en experiencias y programación previas.

> *"Es mi apariencia. Simplemente no les gustó la forma en que luzco".*
>
> *"Se debió a mi gran nariz. Quizá si me hiciera una cirugía sería aceptado".*

(En realidad, ya habían escogido a alguien entre los mismos empleados y la entrevista era únicamente pura formalidad).

De esta forma creamos *burbujas de pensamiento* que se extienden más y más lejos de la verdad y de la emoción ofensiva. En lugar de tratar con la esencia del problema, dedicamos tiempo y dinero a un proyecto que probablemente tendrá un efecto mínimo y simplemente posponemos el momento en que debemos enfrentar la realidad. Desde luego, siempre habrá médicos que estarán muy felices únicamente por librarte de tu dinero y componerte la desventurada nariz, ¡sin intentar descubrir la verdadera causa del estrés!

Existe mucha evidencia científica para sugerir que la supresión de las emociones durante largo tiempo juega un papel importante en la formación de una condición enfermiza. Estas emociones a menudo se esconden en una creencia que sugiere firmeza y que todo está BIEN, mientras que las emociones infectan calladamente por abajo.

Mientras exista está energía emocional atrapada, transforma el pensamiento o la creencia a su alrededor en una poderosa señal que cuando se transmite tendrá un impacto mayor en la creación de nuestro futuro.

Analogía: Una joven mujer cree que nadie la puede amar y constantemente exige confirmación de las personas a su alrededor. Esto se vuelve algo muy fastidioso entre sus amigos y con el tiempo se alejan. Con un suspiro de resignación ella dice:

"Nadie me quiere".

Un día conoce a un hombre maravilloso que la adora. Ya que esta realidad no está de acuerdo con su propia creencia interior, hace todo lo posible para alejarlo, incluyendo acusarlo de infidelidad. Cuando él ya no puede soportar más se va, y a través de sus lágrimas ella dice con un dejo de triunfo:

"¡Te lo dije. Nadie me quiere!"

Desafortunadamente, muchas personas desperdician su energía recreando incidentes que no aportan nada al crecimiento de su alma y fracasan en contribuir con los esfuerzos globales, creyendo que no tienen el poder para cambiar la situación. Aunque en realidad, hay varios pasos que se deben tomar para transformar una creencia en algo que sea constructivo en lugar de destructivo. Esto puede requerir consejo profesional y apoyo terapéutico.

Los pasos positivos incluyen:

1 **Reconocer los patrones persistentes en tu vida reflejando los sucesos importantes en el pasado:**

- ¿Cuál es el mensaje o la creencia subconsciente que se mantiene recurrente?
- ¿Hay una forma en particular en que respondes a las situaciones de reto?
- ¿Has descubierto en retrospectiva lo que necesitas para aprender del suceso? o, en otras palabras, ¿cómo cambiaste debido al episodio?

2 **Dejar salir las emociones:**

- Reconocer que habrá ocasiones en que las emociones necesiten expresarse abiertamente y que, cuando esto se lleva a cabo de una manera amorosa y sin crítica (*"Siento una... etc."*), la reacción de los demás no te debe preocupar.

- Escribir una carta que nunca enviarás, quemándola posteriormente para liberar la energía.
- Llevar un diario de pensamientos y sentimientos.
- Hablar con alguien que escuche sin criticar o sin la necesidad de "componerte".
- Pintar, dibujar o esculpir tus sentimientos, continuando hasta que haya una solución.

3 **Escoger nuevas formas de responder como:**

- Contar hasta diez.
- Hacer tres respiraciones profundas dejando pasar más tiempo en las expiraciones.
- Cambiar tu postura, por ejemplo, levantando la cabeza, descruzando los brazos, enderezando la espina o doblando ligeramente tus rodillas para bajar el centro de gravedad y estar más estable.
- Sonreirte a ti mismo y extender esto a todas las personas que te encuentres.

4 **Ser honesto cuando te preguntes a ti mismo:** *"¿De qué manera me estoy beneficiando al aferrarme a esta creencia o al comportarme continuamente de esta manera?"*

- ¿El reforzamiento de esta creencia sobre mi mismo me proporciona una extraña sensación de seguridad?
- ¿Estoy actuando en defensa de las expectativas de otros? ¿Estoy comportándome como un rebelde a pesar de las molestias que crea la situación?
- ¿Recibo lo que necesito desde el punto de vista de cuidados, amor, apoyo y estímulo, con sólo mantener mi posición?
- ¿Cómo seré y cómo actuaré si dejo esta creencia acerca de mi mismo y de otras personas?
- ¿Qué se puede esperar de mí si asumo mi propio poder y dejo de ocultarme detrás de creencias falsas?

Cuando encaramos el poderoso *dragón* de las emociones inexpresadas, encontramos que contiene la energía esencial para la transformación del alma, liberándonos de manera segura de una vida de restricciones y de una carencia de propósitos verdaderos.

Karma

El karma o la Ley Universal de Causa y Efecto expresa el concepto de que, *"Según como siembres, así será tu cosecha"*. Esto puede interpretarse para incluir: *"Haz a otros lo que deseas que te hagan a ti"* o *"Eso que crees, percibirás que ocurre"*.

El karma nos influencia en varios niveles, afectando al individuo, las familias, las culturas y la evolución del planeta. La comprensión del hombre de su control en su vida ha producido algunos resultados interesantes:

1 Expresamos una idea o una creencia que obedientemente sigue la ley kármica y ésta se manifiesta y todavía exclamamos sorprendidos de alguna manera:

"¡Sabía que esto sucedería, siempre lo hace!"

2 Culpamos al karma por tener una vida arruinada, sin intentar nunca arremeter contra las limitaciones o plantar nuevas semillas, con frecuencia temerosos de que ambas opciones inevitablemente exigirán atención:

"Mi karma es sufrir" (¡pero no pasivamente!)

3 Intentamos limpiar nuestras deudas kármicas llevando a cabo acciones nobles que, afortunadamente, no crean karma nuevo. Sin embargo, nuestra necesidad de informarle a todos de nuestras acciones, o un sentimiento presuntuoso de satisfacción, de inmediato devalúa el objetivo.

4 Nos gusta imaginar que el sufrimiento que experimentamos es una consecuencia de ser una

víctima en vidas pasadas y que por ello ahora es tiempo de recibir todo en abundancia. No obstante, es interesante hacer notar que la mayoría de las personas fracasan en recordar las vidas donde fueron los agresores o utilizaron el poder sin cordura, y que quizá ahora el karma les está ofreciendo otra oportunidad para apreciar el otro lado de la moneda. ¡La memoria selectiva puede ser muy útil!

5 El *karma instantáneo* nos muestra que el tiempo no es importante en las otras dimensiones.

"Le estaba diciendo a mis amigos cuánto me preocupaba no tener dinero suficiente, cuando al salir del trabajo me di cuenta que me habían robado el monedero y tuve que regresar a mi casa pidiéndole ayuda a gente extraña. ¡Háblame de karma instantáneo!"

Ten cuidado cuando retas al Universo, ¡ya qué tiene multitud de trucos en su manga para ayudarnos a superar nuestros miedos y llegar a tener todo nuestro poder!

Cuando la creación de formas de pensamiento es una decisión consciente, nos convertimos en maestros de la causa y el efecto con una habilidad mayor para apreciar nuestra función en el Gran Plan. El karma todavía tendrá un efecto pero al volvernos activos en nuestra vida no somos tentados a caer más en juegos emocionales adictivos, en la adquisición de riquezas materiales por prestigio o en la acumulación de formas de pensamiento no actualizadas por seguridad.

Así, al escuchar a la todavía pequeña voz de la intuición, progresivamente podemos alejarnos del poderoso agarre que el karma tiene en nuestras vidas y volvernos participantes conscientes en el proceso creativo.

Formas de pensamiento para concentrar la inspiración

Cuando recibimos una idea inspirativa, con frecuencia no está estructurada y requiere concentración, vitalidad y forma con el fin de volverse activa en esta Tierra. Es la función de la intuición dirigir la llama creativa a través de la lógica y las emociones y proporcionarle identidad física para que pueda obtener el efecto óptimo.

De esta forma, las formas de pensamiento intuitivas aceleran el progreso de una idea hacia su manifestación, lo cual es muy diferente de lo que sucede con las otras formas de pensamiento que por lo general limitan el flujo al aplicar condiciones estrictas para la aceptación de este chispazo de inspiración.

Alice Bailey dice: *"No ajustes la verdad dentro del momento, sino el momento dentro de la verdad".*

Al clarificar un camino a través de las muchas formas de pensamiento que se mueven hacia adentro y hacia afuera de nuestra conciencia y al volvernos cuidadosos de crear pensamientos que reflejan la armonía, la sabiduría y el amor de nuestra alma, nos ofrecemos a nosotros mismos canales valiosos para el Aliento de Dios.

Verdad

La verdad es una tierra sin camino, y no puedes acercarte a ella por cualquier camino, por cualquier religión o por cualquier secta.

Jiddu Krishnamurti, de un discurso en **1931.**

Para completar este capítulo, me gustaría reunir las diferentes formas de pensamiento bajo la bandera de la verdad. A menudo se habla de la verdad desde el punto de vista de proporcionar una respuesta definitiva, aunque ella es multidimensional y dependiente de muchos factores diferentes.

La verdad se puede relacionar con:

1 Conocimiento aprendido y experiencias personales.

2 Conocimiento respecto de una reacción emocional.

3 Visión intuitiva.

Quizá lo mejor que podemos hacer es ser honestos y decir la verdad como la conocemos, honrando la verdad de los demás.

Ejercicio para acelerar el flujo de las formas de pensamiento intuitivas

Toma una hoja de papel o abre tu diario.

Ponte cómodo.

Con una pluma o lápiz escribe un máximo de 8 palabras en el centro de la hoja relacionadas con una idea que haya estado atrás de tu mente durante algún tiempo, o quizá un concepto que haya llegado a tu pensamiento a través de un sueño o la meditación.

Usando el flujo de energía de la intuición, crea un *mapa mental* donde produzcas líneas radiadas como los *rayos* de una rueda. Escribe al final de las líneas todo lo que se relacione con llevar esta idea a su manifestación. Algunos de los *pensamientos* pueden tener subsecciones; deja que fluyan. Ejemplo:

Comprador
Agente de bienes raíces
Un buen negocio

MUDÁNDOSE DE CASA

Nuevo hogar	Camioneta para mudanza
Hipoteca	Empacar
Un lugar con jardín	Limpiar el ático
Paz y silencio	Dejar la "vida antigua"
Tiempo para descansar	Hacer espacio para la nueva

Trata de no detenerte y pensar, permite que la pluma o el lápiz te guíe.

No limites las oportunidades a tu disposición.

Deja que la terminación llegue en forma natural y reconoce que el pensamiento original puede haber abierto un pasaje hacia una conclusión interesante, que revela un *anhelo* sepultado hace mucho tiempo. Una vez que la conciencia se ha realizado, la idea inicial se puede liberar.

Ponte en silencio y pregunta interiormente, pues tus pensamientos serán escuchados y se manifestarán si esta es la voluntad del Creador. Agradece a tu guía interior por su apoyo y al Universo por la respuesta por venir.

Ahora es el momento de poner en acción los pensamientos en el mapa mental, comenzando con aquellos que son los más prácticos y entonces espera.

Cada semana verifica qué tanto está progresando esta idea, estando preparado para abandonar esta inspiración cuando, como resultado de tus actividades, otra idea tenga prioridad.

No te sientas desanimado cuando las cosas parezcan tomar mucho tiempo o quizá no estén resultando como deseas.

Verifica que tus antiguas *formas de pensamiento adquiridas o basadas emocionalmente* no estén minando tus esfuerzos.

Mantén libre el canal. Sabes que tus oraciones se han escuchado y piensas que hay un tiempo y un lugar para todo.

Diviértete y recuerda: ¡este es un mundo mental, lo que creemos sucede!

Capítulo 6

Dominando la voluntad: El poder para dirigir la energía

Donde el amor gobierna, no hay voluntad para el poder, y donde el poder predomina, el amor falta. Uno es la sombra del otro.

Carl Gustav Jung, *Gesammelte Werke, vol. 7,* ***1917.***

Al comenzar la siguiente etapa de nuestro peregrinaje, nos reflejamos en la tremenda transformación que ha ocurrido desde que nos pusimos en marcha en nuestra búsqueda. A través de las llamadas amables de la intuición hemos reclamado nuestro poder personal, caminado a través de las nieblas emocionales de la ilusión y dejado atrás muchas de las percepciones miopes que manteníamos acerca de nosotros y de otras personas.

Somos más ligeros de espíritu, mente y cuerpo, con los átomos de nuestro ser ahora vibrando en frecuencias superiores. Sin mucho esfuerzo también han ocurrido cambios en nuestros hábitos alimenticios, en las necesidades de ejercicio, los patrones de sueño y la práctica de la meditación; ciertas cosas (e incluso personas) se han vuelto recurrentes mientras el espacio se ha vuelto disponible naturalmente para nuevas experiencias.

Al final nos sentimos libres y a cargo de nuestra vida, sintiendo que todo es posible y emocionados por las oportunidades innumerables que esperan para emplear nuestra atención y nuestra energía. No obstante, en este mundo mental, esta sección del viaje es probablemente una de las más retadoras, porque con la adquisición del poder viene la responsabilidad para usarlo sabiamente.

Tal sabiduría sólo puede ser enseñada parcialmente debido a la naturaleza inconstante de la humanidad, dejando el resto para que surja de un sentido interior de moralidad personal, la cual se obtiene a través de la intuición.

Comparada con el juego emocional que se está jugando, que es relativamente inconsciente, la manipulación de otras personas que puede ocurrir en este nivel es más poderosa y potencialmente destructiva debido a que incluye la voluntad del individuo, la cual implica conciencia completa de la situación. Cuando la voluntad es llevada por el deseo de trabajar por el bien máximo y no por la necesidad de incrementar el ego personal, entonces el resultado será positivo. Sin embargo, ya que sabemos que la energía sigue al pensamiento siempre habrá un resultado ya sea que el motivo sea humanitario o no, y quién de nosotros puede ser el árbitro final cuando se decide que es lo mejor para la humanidad, para los reinos de la naturaleza y para el bienestar universal.

La historia nos recuerda que muchas personas, entre ellas reyes, generales y líderes espirituales, creían que sabían la verdad y les pedían a los demás que los siguieran, a menudo a su muerte.

No está en nosotros juzgar sus acciones en retrospectiva, sino aprender mediante su ejemplo y cuestionar la ética que se encuentra detrás de las decisiones y metas que exigen nuestra atención en ese momento.

El reto para el individuo es alinear su voluntad con la pura y clara nota que suena desde las profundidades de su alma y que está en armonía con la Voluntad Eterna. Esto requiere cuidado y la voluntad de evitar el glamour y otras tentaciones que son seductoras en esta etapa del viaje.

El *motivo* o la *intención* de uno es la clave en estas tentativas y necesita ser estudiada con cuidado desde un punto de vista objetivo, ya que es fácil perderse en la creencia de que actuamos por el beneficio de la conciencia planetaria mientras secretamente rellenamos egoístamente nuestros bolsillos.

Es bueno recordar que la intuición sirve para tres propósitos:

1 Anima el alma *a crecer* y a alcanzar todo su potencial.

2 Trae una *mayor conciencia* al individuo lo que, a su vez, incrementa la conciencia colectiva.

3 *Beneficia al universo* más que al individuo, con tal servicio comenzando en casa.

La intuición no:

1 Satisface únicamente nuestras necesidades personales triviales.

2 Significa que nunca sufriremos o tendremos dolor, pero hay la esperanza que esto durará poco.

3 Conducirá a una ganancia personal a expensas de otros.

4 Negará la necesidad de encarar las situaciones.

5 Siempre llevará a la acción; la quietud es un regalo.

6 Necesariamente lleva a la separación, sino que a menudo conduce a un mayor compromiso, en especial con la familia y la comunidad.

7 Erradica la necesidad de una examen de conciencia, el cual, de hecho, puede ser ampliado.

Conforme flexionamos nuestros músculos energéticos y conscientemente nos percatamos de nuestra habilidad para darle forma a nuestra realidad, descubrimos varios fenómenos que, parecen milagrosos a primera vista, pero todos son parte de aprender a dirigir la energía con la pura intención.

Manifestación

Un Dios, una ley, un solo elemento
y un lejano acontecimiento,
hacia el cual toda la creación se mueve.

Alfred, Lord Tennyson, *In Memoriam*, **1850**

Toda nuestra existencia está basada en nuestra habilidad de traer el Espíritu a la materia, en hacer lo invisible visible, y en traer las ideas nebulosas a la realidad. Por consiguiente, la manifestación o materialización no es un concepto nuevo o sólo pertinente al siglo XX. Lo que está cambiando es nuestra percepción de nuestra función en este proceso creativo y la manera en que podemos crear una vida que refleje nuestro diseño espiritual.

La manifestación depende en cambiar la frecuencia vibratoria de la energía dentro de las partículas, el sonido y la luz, con el fin de crear una nueva forma de existencia. Esto depende de un sentido de dirección y de una fuente de poder, por ello:

MANIFESTACIÓN = INTENCIÓN + PODER

A través de todo este peregrinaje nos hemos encontrado con varios tipos de poder e intención y ahora es tiempo de estudiar el efecto de nuestra voluntad sobre nuestro mundo. Sin embargo, en primer lugar queremos ilustrar el proceso lo más posible dando ejemplos apropiados:

Manifestación básica

A pesar del encabezado no hay nada tosco o imperfecto en este nivel de creación, ya que abarca casi todos los aspectos de nuestra existencia, la mayoría de los cuales damos por hecho. La interminable discusión entre aquellos que creen en la Creación contra los que creen en la evolución ha fallado en resolverse: *"¿Quién o qué es el gran diseñador detrás de esta pasmosa manifestación llamada vida?"*

Sin desear llevar este debate todavía más lejos, veo el papel de la humanidad en este esquema no como algo inconsecuente, ya que cada pensamiento, palabra y acción es un ingrediente esencial en el proceso creativo.

Manifestación a través de la emoción

Cuando la **intención** es **deseo** y el **poder** es **emoción**, la manifestación ocurre principalmente de manera subconsciente. De aquí que, *internamente queremos algo* y aplicamos la energía de nuestras emociones (miedo, enojo, pasión, desesperación y felicidad) para obtener el cambio requerido en frecuencia con el fin de convocar el objeto de nuestro deseo en la forma.

Pero como afirma la bien conocida expresión: *"Ten cuidado con lo que pides, ¡podrías conseguirlo!"*

El miedo atrae al miedo y el enojo atrae al enojo incluso cuando no son expresados externamente. Sin conciencia podemos convertirnos en víctimas de nuestra propia creación así como fracasar en aprender a responsabilizarnos por sus efectos en nuestro mundo interior y exterior.

Las emociones fuertes con frecuencia pueden expresarse en un resultado inmediato y sorprendente como se puede apreciar en los siguientes ejemplos:

Un vehículo de emociones. Nuestro auto por lo general simboliza los medios mediante los cuales nuestras aspiraciones espirituales, formas de pensamiento y emociones son transportadas mientras están en este plano terrenal, con la esperanza de que el alma esté a cargo del volante y no relegada al asiento trasero. Por consiguiente, cualquier percance que le ocurra a nuestro auto por lo general será un claro reflejo de nuestra vida en ese momento.

Un día, mientras viajaba por una carretera, mi mente vagaba por los sucesos de las semanas pasadas (¡claro que manteniendo mi vista en el camino por delante!). Había finalizado recientemente una relación de mucho tiempo y me sentía extremadamente vulnerable.

Se me vinieron a la memoria emociones similares del pasado, cuando sentí como si me hubiera caído hasta el fondo de mi mundo, y no estaba segura si podría reunir la suficiente energía para levantarme y comenzar todo otra vez. Recuerdo haber tenido un inmenso suspiro de agotamiento y haber dicho, "Dios mío, otra vez no".

En ese preciso momento, la máquina comenzó a dar jalones y el auto empezó a perder potencia, con la única opción de conducirlo hacia el acotamiento.

Sin saber gran cosa de mecánica más que sólo primeras medidas de emergencia, esperé por ayuda, la cual afortunadamente arribó bastante rápido.

Cuando el equipo de rescate miró dentro de la cubierta del motor, quedaron muy sorprendidos de ver que uno de los cables de las bujías se había desatornillado por sí solo y estaba hasta el otro lado de la máquina.

"¿Cómo pasó esto?" exclamaron, y pensé:

"Qué puedo decir para que puedan entender... verán, en realidad, ¡todo lo que hice fue dar un gran suspiro!"

¡Desde entonces, tengo más cuidado de dónde y cuándo expresarme emocionalmente!

Siendo amigos del equipo eléctrico. La relación íntima que tenemos con nuestro auto lleva a la siguiente forma de manifestación o mejor dicho mal funcionamiento, que es relativamente común. ¿Cuántos de nosotros tenemos una relación de amor o de odio con el equipo eléctrico y *bajamos la voz y hablamos dulcemente* cuando estamos en la cercanía de nuestra computadora, máquina de fax, lavadora o tostadora?

Estas máquinas parecen sentir cualquier perturbación en nuestro campo de energía, trabajando perfectamente bien hasta que tenemos una preocupación o alguna clase de problema, entonces surgen todo tipo de contratiempos, los cuales por supuesto que no hacen mucho por nuestro ya precario estado mental.

Estas variaciones de energía son más comunes en aquellos que están cargados emocionalmente, son altamente sensitivos a las atmósferas o están conectados emocionalmente de manera deficiente a tierra. ¡Quizá debería haber un tipo especial de *garantía* proporcionada para el equipo comprado por psíquicos, estudiosos espirituales y seres humanos eléctricamente inestables!

Cuán frecuentemente escuchamos que los micrófonos fallan en las conferencias, las grabadoras no graban y las cámaras de alta calidad son incapaces de producir una sólo fotografía en la presencia de ciertos individuos.

Existe una tendencia a decir *"No fue con intención"* lo cual absuelve a todos los involucrados de cualquier forma de riesgo, pero estas descomposturas están reflejando exactamente nuestra naturaleza eléctrica impresionable.

Las computadoras merecen su propia mención por separado, ya que a menudo escogen *lo que debe imprimirse* o *lo que debería borrarse* sin consultar a su dueño. Como muchas otras personas, me he sentido totalmente frustrada cuando pierdo el trabajo de toda una mañana, poco después de haber acordado con la función de *edición* ¡que no estaba bien que no le hubiera enviado ya esa sección a mi editor!

(No te debe sorprender saber que mientras escribía este capítulo, el modem de mi Internet comenzó a funcionar mal. El técnico que contacté me preguntó si había habido una tormenta eléctrica en mi localidad ya que a veces esto causa un problema. Sin estar muy convencida acepté su explicación, ¡aunque sabía que el tiempo había estado excelente todos los días! Qué le podría haber dicho, *"Bueno, verá, estoy escribiendo un capítulo acerca de…")*.

La perturbación energética final que he visto manifestarse en mi presencia son luces que disminuyen o se apagan ya sea en una calle, un centro comercial o en mi propia casa.

Me inclino a asociar esto con ocasiones en que estoy emocionada, llena de energía o cuando me siento intensamente ligada al mundo espiritual, recordándome que:

Primero y antes que nada somos seres con energía

Pide y recibirás. Me pregunto cuántas personas han enviado la súplica, por lo general de manera inconsciente: *"Necesito más tiempo"* y, casi instantáneamente, las citas son canceladas y hay tiempo disponible.

Sin embargo, si te falta confianza en tus habilidades, como a mí en mis días de estudiante de medicina, entonces, ¡gastarás gran parte de este valioso tiempo preguntándote por qué los clientes no se presentan!

El Universo escucha nuestros pensamientos y satisface nuestras necesidades, pero con frecuencia nos alejamos de la puerta abierta y buscamos en vano razones para rechazar el regalo o reprendernos por no pedir con anterioridad.

La gratitud y el amor por nosotros mismos son las claves que nos liberan de la telaraña de pensamientos obsesivos y nos permiten progresar y disfrutar de los dones que se nos ofrecen.

Manifestación mediante las formas de pensamiento

Ya hemos explorado las diferentes maneras en que construimos formas de pensamiento para crear un entorno estable en el cual vivir y donde la **intención** para la manifestación es nuestro **sistema de creencias** y el **poder** viene de las **emociones**:

"Creo en ello, por lo tanto existe".

Gran parte de esta manifestación es inconsciente aunque nos estamos volviendo cada vez más conscientes de nuestras necesidades para cambiar nuestras creencias con el fin de cambiar nuestra realidad, de otra forma nos encontraremos a nosotros mismos en una rutina segura pero aburrida.

La manifestación en este nivel puede revelar formas de pensamiento ocultas y volverse un maestro muy constructivo, como se muestra en el ejemplo siguiente:

Mi cuerpo: mi amigo. En toda mi carrera en el campo de la profesión médica, he sido impresionada continuamente por la habilidad del cuerpo para manifestar nuestros pensamientos con gran precisión e intensidad. **Nada** aparece por azar, todo contiene un mensaje y mientras más perturbada sea nuestra vida por ese suceso, mayor será la necesidad de atender ese mensaje.

Un ejemplo de la mente y el cuerpo trabajando en armonía ocurrió cuando estaba preparando un seminario llamado "Amándote a ti mismo, con verrugas y todo". La noche anterior al evento, noté una gran verruga (una verruga creciendo internamente) en la planta de mi pie, exactamente sobre el área que representa al corazón en la reflexología.

Sabiendo que las verrugas representan la parte de nosotros mismos que encontramos difícil amar, pensé que era un magnífico ejemplo de *¡hablar sobre lo que uno realmente está pisando!* Este sorprendente mensajero me permitió mirar aspectos de mi ser que encontraba difícil aceptar y me estimuló a integrarlos con amor en mi vida. Y cuando esto ocurrió, la verruga simplemente desapareció.

El ejemplo final nos muestra cómo las antiguas creencias pueden obstruir el flujo de energía usado en la manifestación, aunque, externamente, podemos estar muy ansiosos para lograr un resultado. Esta situación es común en aquellos que han tenido una crianza religiosa muy formal y que luego intentan adoptar una forma de pensar de la *Nueva Era*.

El abismo entre creer y saber sólo puede ser cruzado por un corazón abierto con la confianza y aceptando que hay un lugar para todas las disciplinas de la vida.

Ahora lo ves y ahora no lo ves. El año pasado mientras viajaba por Perú, visité Machu Pichu que, arrellanado entre los majestuosos e interminables Andes, era el lugar mágico que había visto en mis sueños. La inclemente lluvia tuvo poco efecto en disminuir mi entusiasmo y tuvimos la bendición de tener este sitio sagrado casi solo para nosotros.

Una tarde, mientras las nubes grises colgaban pesadamente sobre las cimas de las montañas y la neblina cubría el valle, tres de nosotros decidimos dirigir una oración positiva hacia los cielos oscuros:

"Si es Tu voluntad, que se abran las nubes", pensamos al unísono y, al abrir nuestros ojos, nos maravillamos al poder ver a un tren que avanzaba a un costado del río, cientos de metros debajo de nosotros. Animados por nuestro éxito, decidimos ir una etapa más adelante:

"Si es Tu voluntad, que el sol brille sobre Machu Pichu". Instantáneamente, sentí el calor encima de mi cabeza y, al mirar, vi los rayos de la luz solar cayendo sobre el sitio sagrado.

En este punto, mi entusiasmo y mi ego se apoderaron de mí y pensé, "No puedo creer que esto haya ocurrido" y de inmediato el sol desapreció detrás de las nubes.

En ese preciso momento, recibí un mensaje interior que me dijo: *"Desde luego que el sol apareció, recuerda que la energía siempre sigue al pensamiento; lo que detuvo el flujo fue tu ego y tu incredulidad".*

¡Qué lección! Me di cuenta de que hay ocasiones cuando hay una perfecta sincronización entre mis pensamientos y mis creencias, pero que hay otras cuando mi mente dice una cosa y mi corazón otra, trayendo dudas y distorsiones a los mensajes que transmito al Universo.

La fuerza que emerge de confiar y seguir la intuición es poderosa e inamovible y proviene de que cada célula de nuestro ser trabaje en total armonía, sin dejar ningún espacio para la confusión.

La manifestación y la voluntad

Ahora llegamos a la sección del viaje donde la voluntad se convierte en la **intención** y el **poder** pueden ser las **emociones**, la **fuerza psíquica** o el **amor.** Como afirmé previamente, cuando la voluntad está implicada estamos conscientes de nuestras actividades, y de ahí que el resultado sea más poderoso que el de aquel que sigue la expresión errática del subconsciente.

Con la consciencia viene la responsabilidad y la necesidad de ser claro con nuestro motivo o intención.

Todas las etapas de desarrollo son esenciales como experiencia de aprendizaje, pero nuestra jornada nos lleva hacia un estado de manifestación que viene de una mente y un corazón abiertos, donde la voluntad de uno refleja la voluntad del todo y donde el ego no es la consideración primaria.

En nuestra mente, nos hemos movido a través de esperar y creer y hemos alcanzado nuestro Shangri La, esa esencia de sabiduría que no está restringida al cerebro sino que existe dentro de cada átomo de nuestro ser y donde no hay *ninguna fijación* con el conocimiento.

Permíteme compartir contigo algunos de los pasos a lo largo del camino comenzando con:

La voluntad y las emociones

Sincronicidad. Este tipo de manifestación ha alcanzado recientemente los niveles del culto con la *coincidencia,* siendo relegada para los que no están bien informados o ¡para aquellos que desean creer que la vida no está completamente predestinada! La sincronicidad es definida como los *acontecimientos que ocurren al mismo tiempo* e implica que hay un enlace directo entre todos los estados de existencia, de manera que nuestros pensamientos y palabras puedan conducir a una acción casi instantánea. Por consiguiente, escuchamos frases como:

"¡Estaba pensando justamente en ti cuando llamaste!"

"¡Sabía que eras tú!"

"Me senté y ¿adivinen quién estaba sentada junto a mí?"

"Encendí la televisión y no podía creer de lo que estaban hablando..."

"Tenía que encontrármelos entre toda la gente en el concierto, después de veinticinco años y luego de estar hablando de ellos esta mañana".

Todavía nos sorprendemos e impresionamos por la sincronicidad, aunque como pensadores de la Nueva Era nos gusta creer que aceptamos el principio de acción simultánea.

"Realmente no debería sorprenderme, ¡pero cuando esto me sucede me dan escalofríos en la espina!"

La vibración de pensamiento viaja más allá de los confines del tiempo y el espacio a través de una red etérica compleja de canales de comunicación que exceden cualquier cosa que el hombre moderno haya desarrollado en el presente. Es difícil para nosotros no concentrarnos en el tiempo absoluto que ofrece un pasado, un presente y un futuro, y en nuestro estado de sueño estamos contentos con estar más allá de estos límites y viajar en nuestros sueños hacia atrás y hacia adelante con gran facilidad y entonces, despertar felizmente en una existencia temporal que es lógica.

La sincronicidad siempre ha existido. Lo que ha cambiado es nuestra apreciación consciente de su ocurrencia, aunque a menudo estamos menos dispuestos a reconocer su función cuando somos llevados cara a cara con alguien, ¡que estamos tratando de evitar desesperadamente! Desafortunadamente, los escalones superiores de la conciencia no están interesados particularmente en nuestros gustos o desagrados, y tienden a enviar todo con la misma convicción que si *tú pensaras* que ello necesita ser manifestado.

Como la mayoría de las personas, mi vida ha estado repleta de acontecimientos de sincronización que incluyen:

- Ver un folleto en un Centro de Salud donde estaba dando una conferencia, a muchos kilómetros de mi casa, anunciando un curso dado por alguien que me había presentado una amiga la semana anterior y que en ese momento me había hecho pensar, "Me gustaría saber más de esa persona". Ahora, dos años después, puedo ver porqué este contacto era tan importante.
- Conocer a un extraño en una librería, quién me habló del cráneo de cristal de los mayas, dos días después de que había recibido la confirmación de un viaje a América Central para (posteriormente) viajar por la Ruta Maya.
- Darme cuenta que estaba sentada junto a la persona que había querido conocer en una conferencia

pero que había perdido, cuando tenía 150 posibilidades de escoger otro asiento en un avión.

- Recibir un cheque con dinero que se me debía, 18 meses después del incidente y 12 horas después de que había encontrado, por "casualidad", una foto de la persona en cuestión. La cantidad recibida era el triple del préstamo original y llegó en un momento en que mis fondos personales eran bajos y por lo tanto, ¡fue muy apreciada!
- Encontrarme súbitamente con alguien a quién no había visto durante meses pero con quien había hablado 10 minutos antes. Nos encontramos en las atestadas calles de Londres, luego de que me había dirigido hacia otro sitio unos cuantos minutos antes.

Estoy segura que todos pueden citar algunos ejemplos como estos y reforzar la Ley Universal que afirma que cuando estás sintonizado con el corazón de tu esencia espiritual y vives en el momento, el Universo **siempre** proveerá los medios y las oportunidades para realizar tu potencial.

Nuestra parte del trato es mantener nuestros ojos, oídos y corazón abiertos y comprometernos a seguir los impulsos intuitivos hasta su conclusión natural.

Algunos dirán que no es que nosotros atraigamos a estas personas o situaciones conscientemente, sino que sólo vemos o escuchamos lo que tiene nuestro interés en ese momento. Así que, cuando compramos un auto rojo, sólo vemos autos rojos en la calle, o cuando decidimos viajar a Australia todos los periódicos que leemos tienen un artículo sobre ese país. Esto es cierto en alguna medida, pero yo diría que la esencia de la manifestación **es** la habilidad para dirigir nuestra atención a aquellas cosas que nos ayudarán a lo largo del camino, lo cual incluye reflejar nuestra verdad en el mundo alrededor de nosotros.

Uno de mis ejercicios intuitivos favoritos es invitar a los participantes de un seminario a vagar por las calles de los alrededores, con las instrucciones de que habrá un mensaje esperando por ellos de su intuición, el cual verán u oirán en 20 minutos.

Les pido mantener sus mentes y corazones abiertos y concentrarse en una pregunta en particular, que sea la más importante en sus pensamientos en la actualidad. Recuerdo claramente la experiencia de Debbie. Estaba ansiosa por dejar su trabajo actual, pero se sentía insegura de su futuro. Debido a su inseguridad financiera no quería salirse de trabajar por mucho tiempo, pero estaba agotada y necesitaba un descanso.

Cuando regresó luego del tiempo asignado se veía perpleja. "No sé", decía, "Mientras caminaba me topé con una tienda de nutrición. En la ventana había un gran aviso que decía, 'El ser sana requiere una dieta balanceada, compruébelo mientras espera'. ¿Qué significa esto?". El grupo estalló en risas y uno de los participantes dijo: "¿Escuchaste lo que dijiste? ¡El ser sana, compruébelo mientras espera!". Había recibido su respuesta.

Hace varios años, se pudo observar por primera vez un giro interesante en el tema de la sincronicidad, cuando los practicantes de la *visión remota* estuvieron investigando en la percepción extrasensorial (PES). Se enviaban telepáticamente símbolos sencillos seleccionados al azar por una computadora, a voluntarios que se encontraban a muchos kilómetros de distancia. Lo resultados eran muy estimulantes con más del 70 por ciento de los receptores dibujando con precisión el símbolo escogido.

Sin embargo, lo que fue extraordinario para la mente humana fue que muchos de los receptores detectaron su símbolo tres días antes de que fueran seleccionados al azar por la computadora. Esta anomalía desafía nuestra comprensión de nuestra comunicación como un acontecimiento consecutivo y nos forza a expandir nuestra conciencia más allá de lo que es considerado lógico.

Para finalizar:

Se dice que si estamos emocionados por algo, esto ya ha ocurrido en algún plano de la existencia y nuestro sentido de anticipación es únicamente

nuestra alma resonando con esa verdad y abriendo el camino para que la idea se vuelva realidad.

Esto sugiere que si **no** sentimos ninguna emoción por algún acontecimiento, o de hecho hay alguna ansiedad, entonces necesitamos cambiar nuestra actitud o cambiar lo que estamos haciendo, porque cuando se expresan la emoción y la dicha hay una profundización de la conexión con la flama eterna de nuestro ser.

¡Esto nos lleva agradablemente a nuevas formas de manifestación que son populares entre los que tienen este conocimiento!

Espacios en el estacionamiento y semáforos en verde. Aquí se usa la voluntad para encontrar espacios para estacionarse o para cambiar las luces del semáforo a verde, en la mayoría de los casos, con un alto nivel de energía emocional implicado:

> *"¡Por favor, que haya un lugar para estacionarme... por favor!"*

Cuando tenemos éxito quedamos encantados; cuando el espacio falla en materializarse por lo general encontramos razones convincentes de la causa de que el espacio no haya estado disponible en **ese** momento.

> *"Caminar me hace bien".*
>
> *"Probablemente fui salvada de un meteorito que iba a caer en ese lugar".*

"¡Mi mente estaba divagando, no me estaba concentrando!"

Desbaratando nubes. Durante una parte de mi travesía espiritual a los Estados Unidos, se me podía encontrar acostada de espaldas concentrándome en grupos de nubes que lentamente cruzaban el cielo azul casi perfecto. Estaba tratando de desbaratarlas, pensando que *podría hacer* que cualquier nube se dispersara; tuve algunos resultados positivos, aunque algún cínico diría que la humedad se había evaporado. De alguna manera, a mi regreso a Inglaterra no tuve el mismo entusiasmo por dispersar nubes ¡cuando me topé con un cielo completamente gris!

Estos ejercicios son una parte esencial del viaje intuitivo que nos ayuda a apreciar el poder de la mente y la idea de que mediante una concentración de la dirección podemos crear nuestra propia realidad. Sin embargo, una vez que aprendemos estas lecciones es tiempo de continuar avanzando, sabiendo que cuando estamos fluyendo con la intención de nuestra alma, los lugares para estacionarse, las luces verdes y muchas otras cosas suceden *naturalmente en el tiempo exacto*, ¡y no tendremos ninguna duda que es el tiempo correcto!

Si continuamos manipulando la energía por puro placer o por necesidades personales triviales, entonces el sentido de poder que experimentamos puede subírsenos a la cabeza y podemos comenzar a creer que podemos manipular al Universo para satisfacer todas nuestras necesidades cada vez que queremos. Entonces, nuestra motivación se tergiversa y estamos un paso más cerca de transformar la *magia blanca* en *magia negra*. Esto puede sonar melodramático, pero el poder corrompe y aunque hoy sólo es la manipulación de los semáforos, ¡mañana podría ser el mundo!

Capítulo 7

Dominando la voluntad: continuación

Fácil es el camino hacia abajo, al Inframundo:
de día y de noche las puertas de Hades
permanecen abiertas;
pero desandar nuestros pasos y encontrar la
salida hacia el aire superior,
esa es la tarea, esa es la labor.

Virgilio, *Eneida*, **70-19 a. C.**

La voluntad y el poder psíquico

Conforme continuamos nuestra exploración del camino por el que la voluntad puede manifestarse conscientemente, es tiempo de dirigir nuestra atención al uso de los poderes psíquicos para mejorar el resultado, principalmente concentrándonos en el efecto en la mente humana y en el surtimiento de *juegos mentales*.

Una cosa es usar nuestra voluntad para cambiar las luces del tráfico y otra muy diferente intentar manipular las mentes de otras personas pasando por encima de su libre albedrío debido a la satisfacción de nuestras necesidades personales.

Me preocupa cuando alguien admite abiertamente que puede "hacer que otras personas hagan lo que ***ellos*** quieren". La preocupación no es por mí sino más bien por su grado de ilusión y su efecto en aquellos que son más crédulos.

Ese control mental es la base del *vudú* y los hechizos, sólo que no está restringido a las tribus primitivas. Está presente en toda sociedad, especialmente donde hay una competencia intensa y una amenaza evidente para la supervivencia. Puede ser sutil como en la publicidad astuta, los folletos brillantes, las ofertas tentadoras y los mensajes subliminales, o puede ser más directa, acompañada por amenazas.

Cuando se pelea la batalla de las voluntades usando las herramientas de la lógica y la persuasión, entonces el rechazo a conceder por lo general detiene la ofensiva. Sin embargo, cuando la voluntad está aliada con los poderes psíquicos que desafían la lógica, entonces con frecuencia se dejan a un lado las virtudes sociales y la moral.

El campo psíquico es una acumulación de todos los pensamientos y emociones que alguna vez se han expresado y es un rica fuente de energía que puede emplearse creativa o destructivamente, dependiendo de la intención del usuario. Muchos ven este campo con una sospecha que raya en el miedo debido a su fracaso en seguir un patrón lógico y debido a que es visto, de manera incorrecta, como un lugar al que sólo unos cuantos elegidos pueden entrar. La verdad es que todos entramos a este mundo en nuestros sueños, incluyendo la ensoñación despierta, pero en la mayoría de los casos no es una decisión consciente.

Al usar los canales del astral o cuarta dimensión o dimensión psíquica, que desafía el tiempo y el espacio, es posible para un individuo proyectar pensamientos, sonidos, luces, objetos e incluso una imagen de sí mismo dondequiera que escoja. Esta es una herramienta natural y algo que ha sido usado por los Antiguos Pueblos para incrementar su conexión entre ellos y con su Fuente.

Sin embargo, los que son indulgentes con los juegos mentales, usando la ayuda de las herramientas psíquicas únicamente para incrementar su propio poder personal, saben exactamente lo que están haciendo, pues juegan con fuego, abusando del poder que les fue dado por el Creador.

Afortunadamente, el don del libre albedrío impide que cualquiera pueda someter la voluntad de otra persona, **a menos** que haya habido un acuerdo entre los dos individuos, el cual, en la mayoría de los casos, es implícito más que formal. Es demasiado tarde para llorar cuando el resultado final no es el que esperábamos; si escogemos meternos en el campo psíquico entonces necesitamos estar totalmente conscientes de los *fantasmas* y los *demonios* que podemos encontrar, muchos de los cuales reflejan nuestras propias sombras.

Desde la perspectiva del observador, también es importante estar consciente de nuestros motivos personales cuando juzguemos a otros que consideremos están jugando juegos mentales, porque nuestro sentido de desaprobación y nuestra indignación inadvertidamente puede añadirle *combustible* a la competencia.

Ataque psíquico

En esta situación el individuo describe una sensación de estar mentalmente, energéticamente y en ocasiones físicamente atacado durante su sueño o en momentos de vigilia, sin que haya ninguna agresión física por parte de su asaltante.

Antes de discutir que acción se puede tomar al estar bajo ese ataque, es importante comprender el valor de esta fase del viaje para nuestra evolución espiritual, de otra manera, en este punto habrá una fuerte tentación para darse la vuelta y salir corriendo de regreso a la base.

Conforme recuperamos nuestro poder y sentimos el centro de nuestro ser fortalecido interiormente, nos enfrentaremos a varios retos asociados con el uso de este poder y se nos pedirá hacer decisiones conscientes en lugar de culpar a nuestro inconsciente por la mayoría de nuestras acciones.

Estos retos incluyen:

- Enfrentarnos con aquellos que intentan *robarnos nuestro libre albedrío* mediante amenazas y crítica. Con suerte, en lugar de aceptar la derrota, enfrentaremos el reto con obstinación y resolveremos permanecer en nuestro campo, rehusando rendirnos.
- Encontrarnos con aquellos que sutilmente *ofrecen a nuestro ego recompensas tentadoras* si acordamos combinar fuerzas y que drenan nuestro poder para provecho de sus propias necesidades.
- Atraernos hacia situaciones que parecen malignas y son personalmente destructivas, *reconociendo esa parte de nosotros mismos* que está perdida dentro de las sombras.

Aquí hay ejemplos de cada una de estas situaciones con soluciones que pueden ayudarte en el futuro:

1 Fortaleciendo el libre albedrío. Siempre he creído que como doctor se me concedió el honor de actuar y parecer en cierta forma conveniente para este papel en la sociedad. Pero un día se me enseñó que esta imagen inflada de mi misma sólo podría conducir al desastre, ya que me llevaba a expectativas fuera de mi alcance y me separaba de mi verdadero yo.

Mi *maestro* se me acercó con la apariencia de un colega quien, sin ninguna provocación, me atacó diciendo que siempre había creído que yo era amable, atenta y espiritual pero que ahora todo lo que podía ver era mi oscuridad. Yo estaba chocada, en especial porque habíamos sido amigos, y empecé a cuestionar mi estado interno y a ver si me había estado engañando todo el tiempo.

Al mismo tiempo sentí que mi energía había empezado a escaparse, hasta que algo en mi interior me dijo que este ataque era psíquico en su origen y que esta *flecha* había hallado una lágrima en mi aura, la cual había sido creada por mi propio ego. Sin pensarlo más le dije: "Si así es como me ves está bien, pero no voy a aceptar la oscuridad". De inmediato, cesó la pérdida de energía y él supo que yo no había caído en su truco; se volvió muy sumiso y dijo: "Tienes razón, hoy he tenido un mal día".

2 Las tentaciones del ego. Hace muchos años fui invitada a unirme con un grupo de la élite, dirigido por dos mujeres que expresaron que estaban realizando un importante trabajo para el planeta. De inmediato mordí el anzuelo ya que la oferta proporcionaba toda la fascinación que deseaba.

Pero conforme las semanas pasaron, me di cuenta que se me estaba pidiendo que hiciera más y más y veía poca evidencia de su contribución. Entonces, luego de una sesión especialmente cansada, tuve un sueño psíquico donde me veía detrás de una pantalla de vidrio observando a estas mujeres apuñalar a un individuo indefenso.

Desperté sudando y con el pulso acelerado, sabiendo que su víctima era yo y que estaba contemplando nuestra relación en un nivel más siniestro. Ese día les regresé sus libros y aprendí que los deseos del ego no deben subyugar las intenciones puras del alma.

3 Conociendo nuestra sombra. Unos pocos años después, tuve un periodo de fenómenos inexplicables afectando mi casa, mi mente y mi cuerpo, lo que me causaba gran ansiedad. Si hubiera descrito mis síntomas a un colega doctor, probablemente me hubiera enviado a ver a un psiquiatra, aunque yo sabía en algún lugar dentro de mí que estaba cuerda y que esta era una etapa de iniciación de mi viaje.

Busqué la ayuda de una psicoterapeuta calificada, a quien me recomendaron por tener un punto de vista espiritual, pero desafortunadamente, no tenía la menor idea de lo que yo estaba diciendo y sólo trató de convencerme de que mi ansiedad se debía a un horario de trabajo muy pesado.

Luego de ese encuentro, decidí seguir mi propio consejo y pedí ayuda y protección a mi yo superior y a mi familia espiritual. Me envolví a mí misma en una luz blanca, velas encendidas, quemé un poderoso incienso purificador, envié amor a la fuente del ataque e invoqué la guía superior a través de la oración.

Una mañana durante la meditación recibí un mensaje para que mirara dentro de mí la parte que había creado el miedo. Casi de inmediato mi visión interna me mostró una mujer triste, enjuta, que usaba la magia negra para conseguir el control, incrementar su poder y exigir respeto. Cuando hablé con esta subpersonalidad, me di cuenta que tal estilo de vida se desarrollaba a partir de sentimientos de rechazo, insuficiencia y falta de amor.

A pesar de la enorme sujeción que ella tenía en mi psique, su solicitud fue simple, sólo quería ser amada. Este sencillo obsequio transformó este poder esencial de una fuerza caótica a una que yo pudiera usar para la realización del Mayor Bien. A unas cuantas horas de esta poderosa meditación, sentí que una gran nube se iba, mi alma estaba más ligera y el fenómeno se acabó.

Todos necesitamos entrar en el mundo psíquico con el fin de ver y apreciar su fuerza y su debilidad, tomando de él las habilidades y la destreza que harán más fácil nuestro viaje espiritual, así como mejorarán las oportunidades ofrecidas.

Percibo que la desarmonía psicoespiritual se volverá más común en el futuro y que es importante que aquellos que se entrenan para volverse expertos en este campo, comprendan que muchas perturbaciones de la mente son psíquicas y no sólo relacionadas con esta vida en particular o este plano de existencia. De hecho, las encuestas modernas muestran que el 10 por ciento de la población ha experimentado una Experiencia Cercana a la Muerte, mientras que el 40 por ciento cree haber visto un fantasma.

Ha llegado el tiempo de discutir estos asuntos abiertamente y de encarar el mundo de los espíritus en lugar de sólo verlos como familiares distantes con quienes no tenemos nada en común. Conozco muchas personas cuyas experiencias infantiles de *jugar con amiguitos inmateriales, hablar con su abuela fallecida al pie de la cama* y *ver las auras* fueron descartadas como imaginarias, llevándolos a la pérdida de una herramienta sensorial poderosa, la cual puede ser una incapacidad tan grande como perder la habilidad de ver u oír.

Para compensar, predomina la parte lógica del cerebro, la izquierda, analizando todo y no dejando nada al azar. Pero el cambio actual en la conciencia global está reactivando este conocimiento de la infancia, que desarrollado con paciencia y gentileza, sólo puede traer dicha y realización a nuestra vida.

La voluntad y el amor

Esta es la forma más pura de manifestación donde la intención es la voluntad que se ha elevado por encima de las necesidades del individuo y actúa como un láser para concentrar la Voluntad Universal. Aquí no hay juicio o parcialidad con el resultado y aunque en sí puede parecer fría y calculadora, cuando está aliada al poder del amor, el resultado es sorprendente.

Con un corazón abierto, el individuo entra en una asociación con el objeto de la manifestación. No se requiere ninguna fuerza, sino que hay un surgimiento de campos de energía conforme el manifestador se encarga de la esencia del objeto de creación. De aquí que si un mago quiere hacer llover, primero debe cambiar la frecuencia de su ser a la del agua y humildemente solicitar que caiga la lluvia. De manera similar, la *telekinesis,* o la habilidad para mover objetos, ocurre mediante una "unión" entre el objeto y el operador.

La verdadera intuición existe cuando la mente entra en los niveles multidimensionales, manteniendo una concentración de intención claramente definida, y cuando el corazón está abierto y en total armonía con el palpitar del Universo. En este estado hay una innegable *sabiduría.*

Previo a esto, nos encontramos a aquellos que todavía están funcionando desde una condición de *creencia,* que implica un corazón cerrado y la necesidad de usar la fuerza de la voluntad para causar una manifestación, al destrozar y volver a arreglar los lazos de energía, lo cual puede llevar a resultados impredecibles.

El amor es la respuesta y es más poderoso que cualquier energía mental.

Al unificar su voluntad con la voluntad del Divino, cierto número de individuos dotados son capaces de materializar aceites curativos, metales, cenizas, voces, flores y otros objetos significativos con el fin de mejorar su aprendizaje o sus poderes curativos. Estos expertos en materialización por lo general han sido escogidos específicamente de entre su propia gente y se ha esperado que pasen por rigurosas pruebas y privaciones personales, a manera de purificar su intención.

Por ello, podemos observar a los chamanes y a los curanderos quienes, mediante la alteración de la frecuencia de su campo de energía, pueden manifestar simbólicamente formas que tienen un significado importante en su tradición. Por consiguiente, en el caso de una enfermedad, el paciente realmente puede ver insectos, víboras, fluidos, formas demoniacas y formas oscuras dejando su cuerpo, ofreciéndole la evidencia que requiere para creer que son curados de su enfermedad.

Los cirujanos psíquicos trabajan en una forma muy similar, alterando su campo de energía para permitirles entrar a través del cuerpo físico de su paciente y efectuar *operaciones* dentro de los reinos sutiles. Se les ve remover *tejido enfermo* en apariencia, mientras que dejan muy poca evidencia externa de su intervención.

Es posible que produzcan este tejido únicamente por el efecto que causa, manteniendo la idea de que muchas personas todavía necesitan pruebas visuales de los asuntos espirituales.

Todos estos individuos trabajan a partir de un corazón amoroso y de su más elevada sabiduría, dejando a un lado las necesidades de su ego. Sin embargo, hay charlatanes en todos los campos y me acuerdo de una anécdota que me contó una amiga quien conoció a un hombre que afirmaba ser un maestro espiritual pero que parecía haberse cegado por el glamour que esas habilidades pueden traer:

> "Mira, puedo producir aceite en mi mano" decía orgulloso.
>
> "¿Qué bien es éste para el Universo?" le preguntó mi amiga; él no tuvo respuesta.
>
> Lo intentó de nuevo: "Mira puedo producir oro en mi mano".
>
> "¿Qué bien es éste para el Universo?" repitió ella.
>
> Él se alejó sintiéndose desanimado de que sus trucos hubieran fracasado en impresionarla. Esa noche apareció en su habitación en un viaje astral.

"Mira, puedo viajar a cualquier lugar que quiera" le dijo, sacando su carta triunfal.

"¿Qué bien es éste para el Universo?" le contestó ella calmadamente.

La única diferencia entre un truco y un milagro es la intención del ejecutor. La habilidad para manifestar es un don maravilloso que Dios ha otorgado y del que no se debe abusar. Mientras mayor sea el don mayor será el riesgo de cegarse por el brillo del glamour y el poder. Estos talentos pueden enseñarse, pero debe ser inherente a cualquier maestro espiritual enseñar primero los valores de la humildad, el respeto y la responsabilidad, así como ser un verdadero ejemplo de su instrucción.

Finalmente, hay manifestaciones o desmaterializaciones que emergen de una colaboración entre nuestra intuición y nuestros guías espirituales, y que son usadas para enfatizar un mensaje en particular. Estos episodios aparecerán en toda nuestra travesía aunque en las primeras etapas podemos fallar en ver las señales o ser incapaces de descifrar el código. Mediante la práctica viene la destreza, y mientras más comprendemos la naturaleza de nuestra intuición más sencillo es leer los mensajes. Permíteme darte algunos de mis ejemplos:

Señales de iluminación

Hace unos pocos años conducía hacia una conferencia donde iba a hablar sobre "Cómo permitir que brille tu luz interior". Entré en una estación de servicio contenta de descansar de la espesa niebla que había oscurecido mi vista en la carretera. Al alejarme caminando de mi auto, otro conductor me gritó: "Tus luces están encendidas".

"No puede ser", contesté, "Las acabo de apagar". Al regresar al auto me sentí desfallecer al descubrir que a pesar de que el interruptor de apagado había sido accionado, las luces todavía brillaban intensamente, dándome cuenta que a menos de que buscara ayuda, la batería del auto se agotaría a la larga. Afortunadamente, encontré un taller mecánico que reemplazó el interruptor descompuesto, permitiéndome recuperar el control sobre las luces.

Más tarde, la audiencia encontró mi anécdota muy entretenida, en especial cuando les dije que la comunicación de mi yo superior había sido: "Si no descansas y apagas tus luces de vez en cuando, tu batería interna se agotará".

El mensaje logró su objetivo y aprendí que mis guías usarán toda oportunidad para hacer llegar su mensaje.

Desmaterialización

Ahora estoy convencida de que existe un gran *agujero negro* en algún lugar, que contiene una variedad de objetos que han desaparecido misteriosamente de mi vida, sin dejar rastro, a pesar de que podría jurar que los había dejado en un lugar seguro.

Hubo un boleto de avión que desapareció finalmente convenciéndome de cancelar un viaje que había decidido hacer a pesar de que otras personas me habían advertido que no lo hiciera. Hay piezas de joyería con un valor personal especial que se perdieron durante la noche, luego de haberlas colocado cuidadosamente en el cajón al lado de mi cama.

Posteriormente, una pieza reapareció en un cajón similar, pero ahora en un cuarto de hotel. Esto sugirió alguna interferencia por el mundo espiritual y proveyó evidencia de una materialización, desafiando el tiempo y el espacio.

Luego estuvo mi manuscrito de *Medicina Clínica,* el cual era el fundamento para un libro de medicina complementaria. Un minuto antes estaba descansando sobre mi escritorio y un minuto después había desaparecido. A pesar de una búsqueda intensa nunca se encontró y mi guía superior me dijo, "Este no es el libro que queremos que escribas. Hay uno más importante por escribir". Y de esto surgió mi primer libro *Fronteras de la Salud.*

Espíritus amigos que vienen como mensajeros y sanadores

Esta historia me la relató una amiga. Hace muchos años, ella desarrolló repentinamente una enfermedad seria, con rigidez en las articulaciones, temperaturas altas y letargia excesiva. Su condición desconcertó a los médicos quienes, luego de hacer varios exámenes, no pudieron llegar a un diagnóstico y sólo pudieron prescribir remedios para los síntomas, los cuales fracasaron en incrementar su velocidad de recuperación. Una noche, alrededor de las tres de la mañana, mientras yacía en su cama del hospital, sintiéndose desdichada con las molestias y los sudores, vio, a través de las tenues luces de la sala, a un joven doctor parado a los pies de su cama.

Ella no lo había visto antes entre el personal del hospital e imaginó que era un médico de reemplazo que había sido llamado esa noche para la sala o para ver a otro paciente. Sus ojos eran claros y brillantes y ella sintió perderse en la brillantez de su sonrisa. Él gentilmente le tomó la mano, y luego de hacerle algunas cuantas preguntas referentes a la enfermedad, le aseguro que pronto estaría bien y se marchó.

Cuando las enfermeras vinieron por la mañana a bañarla, se sorprendieron de encontrarla sentada en la cama con una temperatura normal. "¡Dios mío, esta si que fue una recuperación rápida!", exclamaron.

"No sé qué fue lo que ocurrió, pero me sentí mucho mejor luego de que hablé con el doctor joven que vino a verme", les explicó.

Las enfermeras se miraron una a otra inquisitivamente: "¿Qué doctor joven? Nosotras no vimos a nadie en toda la noche".

Fue entonces que mi amiga comprendió que el visitante no había sido un médico ordinario, sino que poseía cualidades exclusivas a los Reinos Espirituales.

Entidades desencarnadas

Esta última historia nos lleva muy bien al tema de las entidades desencarnadas. A lo largo de todo nuestro viaje, la mayoría del mundo espiritual ha estado ayudándonos, apoyándonos y guiándonos. Sin embargo, existen facciones de esta dimensión cuyas intenciones son menos objetivas, principalmente por el hecho de que existen muy próximos a las vibraciones de este planeta y por lo tanto todavía están siendo estimulados por muchos de los hábitos y deseos que mostraban mientras vivían en la Tierra.

Ellos tienden a ser atraídos por individuos con inclinaciones similares o donde existe un fuerte vínculo emocional y esto puede conducir a cambios en el comportamiento y a interferencia de pensamiento. En la mayoría de los casos no desean dañar, aunque aquellas personas en el plano terrenal pueden ver la experiencia en una forma muy diferente.

Este tipo de *posesión* es raro con la mayoría del "control mental" que ejercemos con las creencias negativas que tenemos sobre nosotros mismos y que surgen de las profundidades de nuestro subconsciente. Sin embargo, para prevenir cualquier tipo de posesión necesitamos:

- Despertar y tomar el control.
- Amar, honrar y respetar, tanto a nosotros mismos como a los demás.
- Caminar por el camino de nuestra propia Verdad.
- Permitir que brille nuestra Luz Interior.
- Creer en nosotros mismos, con una saludable autoestima.

La posesión ocurre cuando las *¡luces están encendidas y nadie se encuentra en casa!* Permanecer dormido durante la vida, jugar juegos de poder, desarrollar creencias limitantes y usar la voluntad personal perjudicialmente, incrementan la posibilidad de posesión, la cual puede expresarse de las siguientes maneras:

1 Formas de Pensamiento. Como se expuso previamente, tendemos a crear formas de pensamiento en relación con nuestras propias experiencias, nuestra educación social y nuestro conocimiento global. La forma más fuerte es aquella que se relaciona con nuestra creencia acerca de nosotros mismos, la cual tiende a actuar como un modelo para manifestaciones futuras.

Estas creencias personales también pueden atraer hacia nosotros formas de pensamiento que circulan en las dimensiones mentales inferiores de la conciencia colectiva, haciéndonos sentir como si estuviéramos envueltos en una substancia extremadamente pegajosa donde no hay libertad para moverse. De hecho, podemos identificar estos pensamientos como emanados de un individuo en particular que está muerto, y en consecuencia pensar que de alguna manera nos intenta controlar.

Sin embargo, en la mayoría de los casos, las formas de pensamiento nos pertenecen y durante la vida de ese individuo simplemente refuerzan nuestra propia creencia. Por lo tanto, al transformar nuestra autoimagen hacia algo más positivo y amoroso, la llamada posesión por lo general se detiene.

2 Comunicación Etérea. Algunas veces un ser querido del otro lado desea dar a conocer su presencia y ofrecer apoyo y guía. Esto puede ser extremadamente reconfortante, en especial cuando los individuos implicados comparten una creencia común en una vida anterior. Sin embargo, algunas veces, en su anhelo por comunicar o ayudar, el contacto ocurre súbitamente, ocasionando miedo o siendo irrespetuoso con los sentimiento del receptor.

En la mayoría de los casos, el ser inmaterial puede ser persuadido con facilidad a "retirarse" y a respetar el espacio de la persona o a encontrar una forma más apropiada de establecer contacto, como a través del sueño. Sin embargo, se puede requerir de ayuda experimentada si estas sencillas peticiones no se cumplen.

3 Seres Apegados a la Tierra. Cuando morimos, inicialmente pasamos al nivel de conciencia que complementa el mundo de conciencia que acabamos de dejar. Por consiguiente, si estamos obsesionados con el mundo material seremos guiados a un entorno similar, cercano al plano de la Tierra, hasta que estamos listos para aceptar un cuadro más general.

Esto puede significar que permanecemos en un sitio en particular sin tener un cuerpo físico, como en el caso de los *fantasmas*, esperando ser liberados de nuestra existencia de apego a la materia. Los *poltergeists* son un tipo de fantasma, atraídos hacia aquellos cuyas energías son inestables o inmaduras, como los adolescentes. Usan la energía del individuo para tener fuerza para sus trucos, causando con frecuencia que los objetos se muevan misteriosamente.

En algunos seres, su adicción a la comida, a fumar, a las drogas y al alcohol, los mantendrá atados a los lugares en esta Tierra donde sus hábitos puedan ser satisfechos. Vagabundean alrededor de cantinas, guaridas de drogadictos, lugares de locura y otras reuniones de este tipo, esperando por alguien que esté inconsciente o que esté inestable para poder entrar. Sin una forma física no pueden saborear la esencia de su adicción, pero pueden, mediante el adicto inconsciente, experimentar los cambios emocionales y psicológicos que ocurren durante la ingestión de la substancia.

Cuando el individuo despierta, ellos se van.

Una posesión similar ocurre en ocasiones durante una enfermedad mental crónica, aunque es más común encontrar a estos individuos rodeados por sus propias formas de pensamiento negativas. Es fácil ver que hay una tremenda necesidad de conocer más de la complejidad de la enfermedad mental, llevando la investigación más allá de las causas por herencia genética, desequilibrio químico y desarrollo social.

4 Otros Propietarios Ausentes. La posesión parcial también puede ocurrir cuando un individuo está inconsciente, incluso por corto tiempo, como ocurre después de una lesión en la cabeza o durante una anestesia general. Luego del incidente, los amigos y la familia pueden notar un cambio en el comportamiento o el estado de ánimo, y aunque se efectúe un examen médico, éste fracasa en revelar cualquier causa patológica.

Aunque los incidentes de posesión posteriores a una anestesia general son extremadamente raros, sería muy inteligente de tu parte crear la *luz blanca* alrededor de ti antes de ser "puesto a dormir", así como hacer afirmaciones positivas asegurando que la operación saldrá bien, que confías en el cirujano y el anestesista, que tus signos vitales permanecerán estables, que la pérdida de sangre será mínima, que la necesidad de analgésicos será menor y que te recuperarás de manera rápida y total.

¡Dudo que cualquier energía negativa pueda infiltrar este escudo de amor y fe!

5 Reemplazos. Con el fin de completar esta sección, quiero mencionar los *reemplazos*. Estos son seres desencarnados que aparentemente hicieron un contrato con un alma en la tierra, de que a una cierta edad, esta última dejaría su cuerpo a esta nueva entidad. Se cree que mediante esta vida ya preparada, el nuevo ocupante puede ofrecer un servicio especial a la humanidad. Algunos sugieren que el ser recién llegado es un extraterrestre, pero mi comentario sería "¿Quién no lo es?".

Naturalmente que el cambio conduce a una transformación de la personalidad que es reconocido por amigos y familiares. Luego de hablar con aquellas personas que trabajan con todos los tipos de posesiones, comprendo que los reemplazos son muy raros y en la mayoría de los casos, en realidad caen dentro de alguna de las categorías previas.

Trabajo de rescate

La mayoría de las *almas perdidas* quieren dejar este plano terrenal y regresar a su camino espiritual. Desde nuestro lado, podemos ayudar al rodear al ser desencarnado en una luz blanca y orar a aquellos en el otro lado para que puedan acercarse y conducir a esta alma a la luz espiritual.

En ciertos casos, se puede requerir la experiencia de alguien que trabaje específicamente con almas perdidas que están renuentes a irse. Este experto se puede encontrar en algún establecimiento religioso o puede ser un sensitivo o un psíquico que ha dedicado su vida a este servicio. Mediante sus habilidades, las cuales pueden incluir el exorcismo, el ser desencarnado finalmente encontrará su camino a casa.

Ritual y ritmo

Gran parte de este capítulo se ha dedicado al *uso correcto del poder*, intentando mostrar que es únicamente mediante la atención intensa de nuestra intuición que podemos sentir las profundas reverberaciones de nuestro ser y, a partir de esto, podemos *hacer sonar* nuestro propio código moral personal, el cual se volverá la motivación detrás de todas nuestras acciones.

Mientras más vibremos con el ritmo de nuestra alma, más atraeremos a aquellos con los que estamos en armonía. En otras palabras, cuando nos encontramos a nosotros mismos, encontramos nuestro punto de unidad con todas las almas.

Experimenta la dicha de cantar tu propia melodía y escucharás el coro.

Una de las formas en que podemos encontrar este equilibrio natural es mediante el desarrollo de rituales que nos ayuden a definir los parámetros de nuestra existencia sin limitar el potencial de nuestra alma. El ritual nos realínea al ritmo de nuestra existencia, al ritmo de la Tierra y al ritmo del Universo. Fuera del *golpeteo de este tambor* existe el caos y el camino para "vivir correctamente" es mucho menos fácil de definir.

Todas las religiones emplean el ritual, reconociendo su función esencial en la reconexión del alma con su Creador. Durante el día efectuamos rituales, comenzando con los hábitos que empleamos al levantarnos en la mañana. ¿Te duchas antes de tomar alguna bebida o luego de que has sacado al perro? ¿Te gusta leer el periódico en la mañana o guardarlo para más tarde en el día, prefiriendo meditar antes de que el resto de la casa despierte? Todos necesitamos estas rutinas con el fin de concentrar nuestra atención en el día que nos espera y para tener una sensación de continuidad y seguridad en nuestra vida.

Sin embargo, el ritual puede convertirse en una obsesión cuando es visto como la meta en lugar del medio. A menudo he observado individuos estando tan involucrados en crear la atmósfera *correcta*, que pierden el sentido de su acción y permiten que el miedo los impulse en lugar de ser el amor. Cuando las cosas no resultan le agregan otro ritual a su programa diario, ya de por sí ocupado, y a la larga acaban exhaustos. Este comportamiento adictivo a menudo oculta un temor de progresar y la necesidad de liberarse de creencias antiguas y recurrentes.

El ritual es una herramienta que atrae, concentra y amplifica la intención de forma similar a un cristal que intensifica la información que pasa a través de él en el campo de la electrónica. No es el ritual el que es importante sino la **intención** detrás de su uso. En toda la historia hemos visto rituales utilizados para incrementar el poder de los individuos y grupos, pero sólo es en retrospectiva que podemos ver si su motivación fue benéfica o destructiva para la humanidad en su totalidad.

En este momento de nuestra evolución, el ritual se está volviendo cada vez más importante para nuestra forma de vida, como se refleja en el interés en aumento sobre las enseñanzas chamánicas, las tradiciones de los nativos americanos, el uso de cristales, sonido y color, y el desarrollo de un lugar sagrado.

Sin embargo:

No es el cascabel o el tambor el que nos lleva más cerca de nuestra verdad, sino nuestra voluntad para caminar por el camino de la intuición y encontrarnos a nosotros mismos a lo largo del camino.

Sólo entonces el individuo puede escoger conscientemente unificar su voluntad con la voluntad de los muchos.

Conforme completamos esta etapa de la travesía, nos reconocemos como más fuertes, sabios y más capaces de resistir el encanto que de manera natural acompaña a la conciencia de uno mismo.

Ejercicios para trabajar en armonía con la voluntad

Los siguientes ejercicios son pasos que nos ayudarán a desarrollar una relación saludable con nuestra voluntad y establecerán el escenario para una claridad de pensamiento y un corazón puro.

1 Relajación del cuerpo. Ésta se puede lograr mediante la relajación muscular progresiva o al permitir que los músculos se relajen con cada respiración. Esto se puede volver una condición natural mediante la práctica, en lugar de ser sólo un procedimiento practicado al final de cada día.

2 Entrando en un estado de meditación. Como se discutió previamente, la meditación cambia la frecuencia de las ondas cerebrales, permitiendo por ello al individuo precisar otros niveles de conciencia. Los mantras, la música y la concentración en la respiración o en una imagen, aumentan bastante la habilidad para lograr este estado de tranquilidad.

A la larga, uno espera conseguir un estado dinámico de meditación como se ve en la práctica budista de la *Atención* (ver la *Bibliografía*), en donde podemos vivir en el presente mientras estamos abiertos a otras dimensiones.

3 Adquiriendo conciencia de nuestro entorno. Desde este estado de tranquilidad ahora podemos permitir que nuestros sentidos exploren nuestro entorno y escojan cualquier impresión que puede ser importante para nuestra vida espiritual en ese momento. Eso se lleva a cabo sin juzgar o sin ningún vínculo emocional y es útil mantener un diario y hacer notas de tus observaciones.

Vuélvete consciente de episodios de sincronicidad que ocurren en tu vida y ve si hay un estado mental en particular que tiende a atraer este tipo de acontecimientos.

> Por ejemplo: *¿Estabas meditando, orando o relajándote o sólo era un pensamiento pasajero?*

4 Abriendo tu corazón al mundo a tu alrededor. Esto es más fácil de lograr en la meditación que en la vida cotidiana, en especial cuando estás estresado. La próxima vez que te sientas tenso, toma una respiración profunda y libérala, baja tus hombros y dirige tu conciencia al área de tu corazón, permitiendo que el amor interior disuelva la tensión. Ahora cuando hables o actúes, que sea desde una posición de observador amoroso.

5 Permitiendo que tu entorno te "hable". *Piensa en una pregunta que sea la más importante en tu pensamiento en este momento. Prepárate relajándote y centrándote, y haz tu pregunta.*

Toma pluma y papel y sal al exterior. Camina hasta que algo en tu camino atraiga tu atención. Quizá podrías pasarte y no ver la *respuesta,* pero una conciencia interna te jalará de regreso al mismo punto. Concéntrate en el objeto que ha cautivado tu vista. Toma nota de tus descubrimientos.

Pídele a tu sabiduría interior una interpretación clara del mensaje en relación con tu situación presente y toma más notas. (El ejercicio debe hacerse al menos 20 minutos).

Cuando estés listo, da las gracias, regresa a tu punto de inicio y deja que la información que recibiste te ayude a lo largo de tu camino, mejorada por una sensación aumentada de fuerza y certeza interior.

Capítulo 8

Tomando una posición: Decisiones basadas en nuestra verdad interior

El Hombre a quien se le niega la oportunidad de tomar decisiones de importancia comienza a considerar como importantes las decisiones que se le permiten tomar.

C. Northcote Parkinson, *Parkinsons Law*, **1958**

Con nuestras maletas casi desbordándose de conocimiento, las etapas finales de nuestra jornada dependen de la comprensión que hemos ido juntando a lo largo del camino, retándonos a poner nuestras teorías a prueba y convirtiéndolas en una representación dinámica de nuestra verdad. El camino en sí se transforma de un camino tortuoso en uno que asciende de modo pronunciado, requiriendo que el peregrino aplique todas las habilidades que ha adquirido con el fin de asegurar un paso firme. Mientras que en las secciones que están más al nivel del suelo fue fácil dejar que la mente vagara sin estar en el proceso real de caminar, ahora necesitamos concentrarnos en cada paso empleando nuestra propia guía interior.

Aunque nuestro proceso puede ser lento y potencialmente tenso, el don de poder estar totalmente presente en el momento crea una sensación abrumadora de alegría y fortaleza interior. Conforme escalamos cada vez más alto, se nos brinda la oportunidad de ver con reverencia el panorama de abundancia que irradia ante nosotros, viendo y experimentando más allá de nuestros cinco sentidos.

Durante el ascenso se nos presentan varios obstáculos que se relacionan con las etapas anteriores de la travesía y que nos permiten determinar si realmente nos hemos movido más allá de ese nivel de conciencia en particular.

El único problema es que, como sucede en el juego de *serpientes y escaleras*, conforme nos acercamos a la terminación de nuestro peregrinaje, existen pocos espacios seguros entre las serpientes, y debido a la longitud de sus cuerpos, nos podemos resbalar y caer una gran distancia antes de que podamos ponernos de pie y seguir caminando de nuevo.

Así que según coloquemos un pie enfrente del otro, es importante ser muy claros acerca de nuestro proceso para tomar decisiones, con el fin de evitar a las serpientes arteras que están al acecho en las grietas de las rocas, recordando que cualquier decisión requiere que hagamos una afirmación en relación con *algo en lo que creamos en ese momento*, lo cual está basado en una diversidad de factores diferentes.

Como se discutió previamente, nuestras creencias o formas de pensamiento surgieron de tres fuentes diferentes: aquellas que fueron adquiridas, aquellas que proporcionan razón a una experiencia emocional y aquellas, iniciadas por la intuición, que se alinean con nuestro propósito espiritual. En esta etapa de la travesía nuestras decisiones necesitan ser creadas primero de nuestra intuición, respetando todas las otras opciones, pero teniendo la suficiente destreza para evitar ser estorbados o engañados por cualquiera de ellas.

Decisiones inspiradas por la intuición

El ejemplo más sobresaliente de esto, está caracterizado por el sabio o la sabia de la tribu, ya sea que represente una raza indígena o una gran corporación. Su estatus trae consigo un elevado nivel de autoridad y, al mismo tiempo, una responsabilidad inmensa, que requiere que actúe desde un punto de vista objetivo, en lugar de uno que sólo satisfaga su propia necesidad personal de ganancia. Rodeado por su gente, escucha atentamente, sin interrupción, a aquellos que desean exponer sus puntos de vista. Sus sentidos están muy sintonizados con todos los niveles de comunicación y por ello, detrás de las palabras habladas, escuchan las súplicas apasionadas, los motivos basados en el ego, las peticiones seductivas, los gritos enojados y a aquellos que hablan tranquilamente pero que expresan una convicción sostenida profundamente.

Aunque quizá ya se hayan formado su propia opinión respecto al asunto en cuestión, la ponen a un lado y escuchan con un corazón y una mente abiertas, sin juzgar, y reconociendo que todos los puntos de vista contienen una verdad en algún nivel. Esta es la verdadera compasión amorosa desapegada, en donde existe **una voluntad para asimilar toda la información y entonces tomar una decisión que beneficiará al Espíritu de la tribu así como a los individuos que contribuyan con esa energía.**

Pudiera ser el caso de que luego de escuchar todos los puntos de vista resulte ser el sentimiento original de líder el que se lleve a cabo, pero esto es una decisión elegida cuidadosamente y no una que indica una actitud dictatorial.

Cada vez que estamos en la presencia de un líder así, que nos escucha y nos reconoce como individuos con algo que ofrecer, nos inclinamos más a cambiar nuestro punto de vista por aquel que consiste en el bien común, que cuando no somos tomados en cuenta, porque entonces tendemos a creer que cualquier otra decisión que no sea la nuestra es la equivocada.

El Maestro está disponible para todas las personas
y no rechaza a nadie.
Está listo para usar todas las situaciones
y no desperdicia nada.
A esto se le llama incorporar la Luz.

Lao-Tsé, *Tao Te Ching*, **500 a. C.**

Inevitablemente, ninguna solución satisfacerá las necesidades de todos y siempre habrá aquellos que estén en desacuerdo o que se sientan tratados injustamente. También habrá aquellos individuos que estén temerosos de responsabilizarse de cualquier manera, en especial de su propia vida, y serán quienes sientan placer en sentarse *a mirar desde la barrera*, sin participar. Observan los procedimientos, ofreciendo poco al debate general, fallando en exponer sus desacuerdos abiertamente, pero siendo los primeros en decir: *"¡Te lo dije!"*, cuando los acontecimientos empeoran.

En este caso, la persona sabia escuchará pero declinará ser arrastrada a un juego de poder, prefiriendo mantener su visión clara y sus ojos enfocados en la imagen mayor.

Existen muchas personas que creen que ya actúan desde un estado de desapego emocional, pues es fácil confundirlo con una posición autocrática, donde la consulta y la discusión de grupo son desalentadas. Sugiero que este enfoque autónomo a menudo encubre un temor de perder el control, el cual, debido a su origen subconsciente e irracional, hace precaria cualquier decisión que surja. Antes de que podamos encontrar cualquier solución a través de los canales intuitivos, primero tenemos que encarar nuestros demonios dentro de las sombras y aprender a transformar el poder de las emociones negativas a una fuente poderosa de abundancia creativa.

Una experiencia de mi propia vida que ejemplifica este asunto de tomar decisiones sin consultar, proviene de mi viaje reciente al Perú, e implica una situación de muchas vidas pasadas. Fui afortunada de formar parte de un grupo espiritual grande que fue introducido a los sitios sagrados a través de un mensajero Inca.

Era tarde y el sol había desaparecido completamente cuando nos paramos junto a la Rueda de la Medicina, la cual es parte del complejo Sacsayhuaman, a las afueras de Cuzco. La temperatura ya estaba bajando y había cierta urgencia para descender a la meseta y encontrar nuestro vehículo, el cual nos regresaría al hotel del pueblo. Equipados sólo con unas cuantas lámparas de mano, iniciamos nuestro descenso a través del complejo sistema de escalones y pasadizos.

Cuando llegamos al nivel del suelo, vi a la distancia las luces de un camión en el estacionamiento y, pensando que éste era nuestro transporte, encabecé al grupo en esa dirección. Desafortunadamente, cuando arribamos encontramos que el camión pertenecía a otro grupo de turistas y que no había señales de nuestro vehículo. La sensación de desaliento y confusión fue general; sin pensar, o consultar con los demás, dejé el grupo y me encaminé en dirección de otro estacionamiento a unos quinientos metros de distancia. En cuanto llegué, vi a nuestro chofer dándose cuenta de su error y tratando de encontrar a sus turistas.

Basta con decir, que finalmente todos regresamos al hotel para una ducha y una cena caliente de bienvenida. Pero yo estaba fascinada con todo el incidente, a pesar de la noche oscura y la ausencia de toda luz, en ningún momento me tropecé cuando corría entre las piedras, fosas y escombros que cubrían el área.

Esa noche tuve un sueño y me vi como el líder de una gran tribu. Se me enseñó que, debido a mi ego, había sido demasiado orgullosa para consultar con otros en un momento crucial de nuestra historia, conduciendo a la muerte y al sufrimiento a muchos de mis seguidores.

Creo que el sueño se relacionaba con el periodo de transición entre las civilizaciones de Lemuria y la Atlántida, y me permitió darme cuenta que mi abrumador sentido del deber en esta vida fue un resultado kármico de esta experiencia. Al día siguiente entramos a una cueva donde los peregrinos llegan a pedir perdón. Tomé una total ventaja de la situación y, habiendo hecho una solicitud de clemencia, pregunté por qué había cargado este peso por tanto tiempo. La respuesta que recibía tenía un mensaje muy simple: *"El perdón siempre estuvo a tu disposición, sólo que eras demasiado orgullosa para pedir"*.

Esta lección me enseñó que había dos características importantes al tomar una decisión basada en la intuición:

1 Dejar nuestro orgullo, opiniones y juicios y, con una mente y un corazón abiertos, escuchar los puntos de vista de todos los involucrados.

2 Asimilar toda la información disponible, y entonces desde la visión general de la intuición llegar a una decisión, con la cual permanecerás.

¿Estás listo para *tomar decisiones sin miedo o arrepentimiento* desde este estado de sabiduría y compasión amorosa? En el nivel más profundo, esto a menudo requiere permanecer solos, expresar un punto de vista aparentemente ilógico o parecer no tener ningún compromiso, y no obstante no hay nada superficial con nuestra decisión, mientras crucemos la división y trabajemos en armonía con la visión universal del futuro.

El día de decisión es el día para actuar.

Proverbio japonés.

Consideremos las otras opciones que están disponibles, con el fin de clarificar nuestro propio proceso.

Decisiones basadas en el conocimiento adquirido

Si ahora estamos conscientes, el conocimiento que aprendemos tiene un papel importante que jugar en crear la estructura y el material de que está hecha nuestra sociedad, en especial en relación con nuestras leyes, reglamentos y códigos morales. Sin embargo, si todas nuestras decisiones durante siglos se han basado únicamente en lo que ya se conocía, **no** habría habido avance en tecnología, cultura o conciencia.

La mayoría de los inventos se desarrollan a partir de *una idea inspirada* exterior a los reinos de la razón, aunque algunas veces pueden ser el resultado de *un error* que más tarde es reconocido como un acierto potencial. Los individuos participantes son pioneros deseando salirse de la multitud y por lo común son una fuente de ridículo para sus amigos científicos. Ellos emplean algo más que la lógica; con frecuencia existe una pasión por el descubrimiento, un amor por lo inesperado y la sabiduría de saber cuando están en la presencia de una *joya inapreciable* o cuando tienen una pieza de *oro falso.*

Sus talentos abarcan las cualidades intuitivas sin las cuales la humanidad no tiene futuro.

Decisiones relacionadas con las emociones

Gran parte de nuestras decisiones todavía son influenciadas por nuestras emociones, en especial por el miedo, a pesar de que puede haber una fachada de lógica. Las *serpientes* que encontramos en este nivel por lo general reflejan estas emociones y están fuertemente conectadas a viejos patrones de comportamiento, que nos impiden permanecer con nuestra verdad, debilitando la fuerza de intención de nuestra alma.

Así, en lugar de tomar decisiones basadas en el razonamiento y el entendimiento, tomamos decisiones fuertemente relacionadas con algún otro motivo o intensamente cargadas con chantaje emocional sutil:

"Si decido hacer esto, quizá le agrade/ lo apruebe/ me apoye/o permanezca a mi lado".

En otras ocasiones, las decisiones pueden ser encaminadas por el miedo, como el miedo al fracaso, el cual puede paralizarnos para hacer cualquier resolución:

"¿Qué tal si no funciona?"
"¿Y si estoy equivocado?"

También podemos utilizar la ayuda y el apoyo de nuestro intelecto para crear una **excusa** tras otra e impedirnos a nosotros mismos tener alguna vez una resolución definitiva en nuestra vida:

"Me encantaría pero...".
"No puedo encontrar nada que vaya conmigo".
"Si tuviera más inteligencia/riqueza/o tiempo, entonces me gustaría unirme a ti".
"Cuando mis hijos se vayan de casa/esté más preparada/tenga más dinero, entonces...".

Finalmente, podemos vernos influenciados por supersticiones, creando situaciones ilógicas debido a perjuicios emocionales, dándonos la sensación de que si actuamos de cierta manera los demás se verán afectados negativamente o que las desaprobación de lo que hagamos puede influir en el resultado de nuestras decisiones.

"No quiero tenerlo en mi equipo y tengo miedo que su exclusión pudiera ***afectar*** *nuestros resultados".*

¡Por eso es que terminamos buscando el apoyo y la aprobación de los demás, por una parte para estimular nuestras decisiones y por la otra para tener a quien reprocharle cuando las cosas salen mal!

Incluso cuando tomamos una decisión y la llevamos a cabo, todavía podemos permitir el emocionarnos para disimular el resultado, mientras éste sea de inmenso valor para el desarrollo del alma.

"No me siento culpable. Cómo deseo el no haber empezado esto".

"Nunca pensé que las cosas cambiarían tanto".

"Me siento tan culpable que estoy feliz".

Muchas de estas afirmaciones implican juegos de poder aunque ahora ocurran en un nivel más consciente y con un mayor grado de premeditación. Es interesante, que los competidores también han cambiado, con menos participación externa y con la competencia principal ocurriendo entre el yo inferior y la esencia espiritual, o en otras palabras, entre *mi voluntad contra tú voluntad.*

Las emociones son una fuente poderosa de energía, que en esta etapa del ascenso deberían estar trabajando con nosotros y no hundiéndonos en el abismo de la desesperación. Es muy importante que mediante la meditación le reafirmemos al yo inferior o personalidad que sus ansiedades se escucharon y que el énfasis de confianza en la intuición nos lleva con éxito a un estado mental menos caótico y a una paz mayor.

Por último, nos ayuda reestructurar nuestros pensamientos, lo cual desata los lazos emocionales y nos permite permanecer en pie y confiados en nuestras propias convicciones. Con ello podemos:

- Transformar el miedo en entusiasmo.
- Transformar una *falta de apoyo* de otras personas en *la libertad de ser nosotros mismos.*
- Usar la desaprobación como la palanca para actuar o para desarrollar la habilidad de aceptar los puntos de vista de los demás y aún caminar por nuestra propia senda.
- Estimular a aquellos que amamos a seguir su propia intuición.
- Celebrar cuando persistimos en una decisión, sin ninguna determinación del resultado.

La responsabilidad que conlleva el tomar decisiones

Con cada decisión hay una responsabilidad que se incrementa proporcionalmente en relación con el nivel de autoridad real o aparente. Este es un tema que conozco muy bien por la profesión que escogí, la cual, podría decir, ofrece enormes recompensas espirituales pero a un alto costo emocional y de salud para el médico. Existen pocas profesiones donde la decisión de uno puede significar la vida o la muerte de la persona que está a nuestro cargo, y donde la responsabilidad está casi completamente en las manos del experto desde el mismo inicio de la relación.

A pesar de esto, cuando pasé a través de las puertas de la escuela de medicina, estaba dispuesta a ponerme encima ese manto de responsabilidad, aunque en retrospectiva, como una joven de dieciocho años, comprendía muy poco lo que esto realmente significaba. A lo largo de los años se me pidió que tomara decisiones basada en el conocimiento que había acumulado de libros, conferencias, los profesionistas médicos experimentados, mis propias experiencias y la información de los pacientes. No obstante, en el calor del momento y la oscuridad de la noche, fue mi intuición la que me guió a través de las situaciones más complejas y difíciles, hacia una solución que estaba preparada a afrontar, cualquiera que fuesen las consecuencias.

Puedo recordar estar sentada al lado de la cama de una mujer en labor de parto, mientras a mi alrededor todo el mundo dormía. La única persona también despierta era el bebé, suspendido dentro de la matriz, que minuto a minuto se convertía en un lugar extremadamente peligroso para permanecer. Sabía que muy pronto tendría que tomar la decisión de que la madre tuviera al bebé de forma natural o si empezaba a mover todo para prepararnos a una cesárea.

Quizá aquellos que trabajan con medicina de *alta tecnología* se reirían ante mi dilema, sorprendiéndose de porqué esta mujer no había sido llevada a la sala de operaciones en una cirugía programada para el día.

Sin embargo, todavía creo que el nacimiento no es una enfermedad, sino un proceso natural y que, con cuidados y atención profesionales, podemos crear una condición donde se pueden lograr resultados óptimos para todos los involucrados.

Al final, tomé mi decisión basada en mi experiencia y en la fuerte convicción interna de que el bebé nacería de manera natural, lo que de hecho ocurrió. Pero sabía que nosotros tres (la madre, el bebé y yo) compartíamos la responsabilidad por el nacimiento, cada uno contribuyendo con sus propias destrezas y su entendimiento innato de la salud. Pienso que esto es una forma avanzada de cuidados de salud.

En el presente, en casi todos los llamados países desarrollados, encontramos una fuerte reacción a cualquier falla, error, percance o desastre que ocurra, con todos tratando de encontrar un culpable. La cantidad de litigios se está incrementando muy rápidamente, conduciendo a:

- Aumentar las primas de seguro.
- Legislaciones más duras, más allá de lo usual, que intentan eliminar cualquier margen de error.
- Un miedo acrecentado de salirse de los parámetros definidos.
- Un detrimento en el servicio ofrecido, en especial para limitar el periodo en que los riesgos constituyen una amenaza.

Esta situación deficiente que perjudica la creatividad, el desarrollo espiritual, las relaciones positivas y el espíritu comunitario, sólo puede resolverse cuando cada individuo esté dispuesto a responsabilizarse por sus propias decisiones, lo cual incluye pedir la opinión de un experto. Veo mucho futuro cuando en lugar de procurar un seguro defensivo, se elabora un contrato con cada parte comprometida a dar lo mejor de sí en ese momento, usando todas sus habilidades y destrezas, y finalmente sellando el acuerdo con amor y respeto.

Espero, por el bien de todos nosotros, que ese día no esté muy lejos.

Como historia final, contaré lo que me narró Denise, quién asistió a uno de mis seminarios. Es un fino ejemplo de alguien que sopesó todas las opciones, tomó su decisión y entonces se preparó a defender su verdad, a pesar de las consecuencias.

Denise había conocido a su amiga en la escuela, y cuando se casaron la amistad continuó y se amplió hasta abarcar a las familias de las dos, con Denise convirtiéndose en la madrina del hijo mayor de su amiga.

Conforme pasaron los años, le entristecía ver al muchacho involucrado con un grupo de amigos "inadecuados", aunque le agradaba que él todavía llegara a visitarla.

En una ocasión, luego de que el muchacho se fue, se dio cuenta que le faltaban 40 libras de su bolso pero pensó que debía haber calculado mal el dinero de su gasto. Sin embargo, cuando desapareció más dinero luego de visitas subsecuentes, empezó a sospechar y, reflexionando, recordó que en varias ocasiones, el muchacho parecía nervioso e intranquilo pero había pensado que se debía a la energía normal de los adolescentes.

Con gran pena, llegó a la conclusión de que era probable que su ahijado le había tomado el dinero y que podían haber drogas implicadas en ello. Así que pensó largo tiempo y a fondo lo que tenía que hacer. Una parte de ella pretendía que todo esto nunca había pasado, pero esa no era la opción adecuada. Se preguntó si podría hablar con el muchacho sin que lo supieran sus padres, pero él era todavía joven y ella no sabía si sólo negaría todo el asunto y se iría.

Finalmente, decidió hablar con su amiga y plantearle todo el asunto. Inicialmente, la madre defendió a su hijo y se enfureció por la "acusación" de ladrón, pero lentamente fueron cayendo en su lugar otras piezas del rompecabezas y ya no fue posible evitar la comprensión inevitable de que el muchacho estaba usando drogas.

Desdichadamente, durante los siguientes meses, esta penosa experiencia cobró como víctima la amistad de las dos mujeres, mientras la familia tomaba partido y esto nunca se pudo remediar por completo. El ahijado entró a un programa de recuperación y la amiga fue a recibir orientación.

Sin embargo, a pesar del resultado, cuando nos conocimos, Denise no lamentaba su decisión ya que creía que había dejado a un lado su ego y que había actuado buscando el mayor bien sobre la base de un estado de amor incondicional y que volvería a tomar de nuevo la misma decisión.

Si escogemos aceptar el poder del Espíritu que se nos ofrece a todos en este momento, y recibir sus beneficios, también necesitamos estar dispuestos a aceptar la responsabilidad por nuestros pensamientos, palabras y acciones, incluyendo nuestros errores. No obstante, descubriremos que la fortaleza interior y el sentido de propósito que surge de acordar tal reto está más allá que cualquier otra cosa que hayamos experimentado en el pasado.

Ejercicio para clarificar nuestras decisiones

Selecciona un tema en donde estés queriendo tomar una decisión en tu vida.

Toma tres hojas de papel y escribe en la primera, EMOCIÓN, en la segunda, LÓGICA, y en la última, INTUICIÓN.

Dependiendo del espacio disponible, colócalas en tres diferentes lugares alrededor de la habitación o incluso en tres habitaciones separadas.

Ahora, con pluma y papel a la mano, párate o siéntate cerca de la hoja de papel con la palabra EMOCIÓN, conéctate con tu guía emocional y pregunta:

"¿Qué consejo me darías con el fin de que pueda tomar la mejor decisión para todos los implicados?".

Escribe tu respuesta, sin dejar pasar más de cinco minutos en ese lugar.

Muévete al lugar de la hoja con LÓGICA y luego a la de INTUICIÓN, sintonizándote con el guía apropiado y haciendo la pregunta pertinente.

Luego de haber recibido la información, asimila el consejo.

Al final lo que queremos es seguir la orientación de la intuición, pero las emociones y la lógica nos pueden dar un consejo útil y deberán ser escuchadas, a menos que den la impresión de ser contradictorias con la sabiduría interior. Cambiando la localización en la que recibimos los mensajes, estamos invitando a nuestra conciencia a cambiar también y a observar la situación desde un punto de vista diferente, proporcionando en consecuencia la imagen más amplia posible.

Capítulo 9

Librándose del resultado: Amor desapegado

Por consiguiente, el Maestro emprende la acción
al permitir que las cosas sigan su curso.
Él permanece tan tranquilo al final como al principio.
No tiene nada, así que no tiene nada que perder.
Lo que desea es no desear, lo que aprende es a librarse de lo aprendido.
Simplemente le recuerda a las personas quienes han sido por siempre.

Lao-Tsé, *Tao Te Ching,* ***500 a. C.***

Con el final del viaje a la vista, el camino es más fácil y visualizamos que en cualquier momento todo se volverá claro y nos conoceremos a nosotros mismos, a nuestro propósito verdadero y a nuestro Dios. Sin embargo, la anticipación que experimentamos expone una de las pruebas finales de la iniciación para el peregrino; la habilidad para dejar las expectativas que rodean el resultado de nuestras actividades. Sólo de esta manera podemos volvernos un ejemplo vivo de amor desapegado, en donde residimos en el amor sin crecer apegados a ese amor o a su resultado.

Esto no es lo mismo que ser *descuidados* o *desinteresados*, lo cual es visto de manera característica en aquellos que temen el compromiso, la vulnerabilidad y el rechazo. Este es un estado de estar totalmente presentes en cualquier situación, sin distracciones o expectativas y todavía, cuando el suceso se terminó, ser capaces de avanzar sin ningún apego emocional negativo.

La importancia para el Universo de esta habilidad es que puede plantar una semilla de inspiración en nuestra mente, la cual, si confiamos en nuestra guía interna, veremos hasta su conclusión apropiada, mientras que también seremos lo suficientemente flexibles para permitir planes de cambio, sin experimentar una gran agitación emocional o requerir largas discusiones.

Por consiguiente, en esta etapa del viaje no es inusual ver que somos probados respecto a nuestro grado de adaptabilidad y nuestra voluntad para liberarnos de todas las expectativas, escuchando únicamente a nuestra intuición. Hace algunos años ocurrió un episodio en particular que refleja este reto en mi vida, cuando una serie de incidentes me persuadieron de buscar un agente de mercadotecnia para poder llegar al otro lado del Atlántico con mi trabajo. *Envié* un mensaje al Universo de que necesitaba a alguien que supiera acerca del mercado mente/cuerpo en los Estados Unidos y ¡de inmediato encontré a alguien de Canadá!

A pesar de que mis habilidades de manifestación quedaron fuera de mi camino, estuve de acuerdo en hacer un *tour* al área de Toronto durante el mes de mayo del año siguiente. Mientras tanto, fui avisada internamente que debía estudiar la cultura maya, lo cual incluía un viaje a Centroamérica, incluyendo Belice. Luego de terminar los preparativos para este peregrinaje, me dediqué a la realización del *tour* de enseñanza por Canadá.

Aunque la primera semana todo marchó relativamente bien, la segundo fue un verdadero desastre. Los estudiantes no llegaron a tiempo, me enviaron a una dirección equivocada, no teníamos las llaves del salón de clases y todavía puedo recordar muy bien estar parada en una caseta telefónica contándole mi historia de infortunios a una amiga, mientras sentía lástima por mi misma. Ella me ofrecía una serie de sugerencias útiles cuando de algún lugar recibí un mensaje interior que decía: *"No estás aquí para enseñar, hay algo más que necesitas ver"*, y de esta manera, ¡supe que de nuevo estaba en mi camino!

Rápidamente le agradecí a mi amiga y caminé en esa tarde calurosa de verano con un paso más ligero y el conocimiento de que todo estaba bien. Al día siguiente estaba curioseando en una librería cuando una desconocida se me acercó y me dijo que tenía que platicarme sobre el cráneo de cristal. Habiendo estado en el campo psíquico-espiritual por mucho tiempo, al principio no estaba impresionada por su oferta, sospechando que era otra bagatela o una herramienta moderna de curación. Entonces añadió: *"Es maya"* y en ese momento un estremecimiento recorrió toda mi espina.

Mi nueva amiga me habló de Anna Mitchell-Hedges, quien tiene la custodia del cráneo de cristal, encontrado en Belice hace 70 años. Se calcula que tiene por lo menos 20,000 años de antigüedad, está hecho de cristal de cuarzo puro y, anatómicamente, es una réplica casi perfecta de un cráneo humano, con una mandíbula inferior desmontable y todos los alvéolos para los dientes. Existen muchas historias relacionadas con éste y con otros cráneos de cristal, casi no existe duda de que son sagrados para nuestra civilización, enlazándonos probablemente con una sabiduría superior y una mayor comprensión de nuestros orígenes y nuestra función en el Plan Universal.

El hogar de Anna estaba a sólo 20 minutos de Toronto y mientras me sentaba frente al cristal, paralizada por la belleza y la perfección eterna del cráneo, comencé a apreciar mi invitación a Canadá. Durante mi visita se me pidió que tomara fotografías del cráneo para las personas del poblado donde se había encontrado. Agradecí la idea de convertirme en un enviado especial y sintiéndome feliz cambié mis planes de viaje para incluir Lubaantun al sur de Belice.

Desde el inicio del viaje hubo muchos incidentes de sincronicidad y por consiguiente, cuando finalmente llegué al poblado, estaba rebosando de entusiasmo. Bueno, como dice la expresión: *"El orgullo va antes de la caída"*, así que ¡fui traída de regreso a la tierra con un estallido! Muchas de las personas que conocieron a Anna en sus antiguas épocas ahora estaban muertos y descubrimientos arqueológicos recientes habían eclipsado los sucesos de los años 20.

Esa noche, mientras estaba acostada bajo mi red para mosquitos, en mi morada maya, reflexioné sobre mi siguiente paso en esta aventura. Al día siguiente visité el antiguo sitio y conocí a los guías empleados para cuidar los templos y las tierras aledañas. Sentada con ellos bajo la protección de un árbol contra los rayos del sol de mediodía, intercambiamos historias, y me informaron de sus curanderos, de los dones curativos de ciertas plantas y del poder de los hechizos. A cambio, me pidieron que les explicara *la búsqueda de objetos con varitas mágicas* y las energías de la Tierra, ya que muchos expertos en estos temas habían visitado el sitio pero los guías sabían poco acerca de sus métodos.

Luego de tres días felices en Lubaantum me fui de ahí, contenta de conocer que había seguido mi intuición a lo mejor de mi habilidad y que había aprendido en el camino a librarme de cualquier dependencia en el resultado. Por último, nunca podemos saber el propósito más profundo detrás de muchas de nuestras experiencias en la vida y según he ido viajando alrededor del mundo sé que un encuentro "fortuito" en un aeropuerto es tan importante como cualquier cita preestablecida.

Todo lo que se nos pide es que valoremos cada momento por lo que es en el presente y que avancemos más allá de la necesidad de analizar, comparar o proyectar nuestras fantasías en el futuro. Esto no impide la necesidad de una planeación, ya que es muy cierto decir que *"Dios dice ayúdate que yo te ayudaré"*. Pero una vez que hayamos preparado el escenario lo mejor que podemos, entonces es prudente retirarse un poco y permitir que las *aguas del tiempo* sigan su curso.

Otra faceta de la historia es mostrar que la intuición nos atraerá en el camino usando una carnada que es específica a nuestra personalidad. En mi caso, ésta incluía *trabajo, curiosidad* y un *sentido de propósito.* Sin embargo, no es algo inusual encontrar que una vez que estamos en el camino, el impulso en la meta original disminuye por los acontecimientos y aparece una nueva atracción que nos lleva en una dirección completamente nueva.

Cuando decidimos unir nuestra voluntad con la voluntad de nuestro Creador y liberarnos de nuestro apego emocional para los planes futuros, se nos brinda la oportunidad de atestiguar muchos milagros, con una contribución en una forma muy significativa y conociendo algunas personas extraordinarias. Mirando retrospectivamente los acontecimientos en tu vida, puedes notar algunas ocasiones en que fuiste seducido a moverte por una fuerza atrayente, sólo para reconocer posteriormente que la verdadera razón para esta acción fue visible únicamente cuando la travesía ya estaba en progreso.

Ejemplos:

1 Asistes a un seminario sobre un tema que te interesa bastante, únicamente para descubrir que la persona sentada a tu lado en la comida es tu siguiente pista para tu travesía.

2 Te enamoras perdidamente de alguien que vive en otro país y decides mudarte para estar con esta persona. Después de nueve meses con esta relación, el amor se desvanece pero ahora estás inscrita en un curso universitario que no existía en tu país y que a su terminación te llevará a un emocionante cambio de actividad profesional.

Recuerda: el amor es uno de los más poderosos atractivos para la transformación.

Siempre es más sencillo para un observador ver la imagen más general de nuestra vida, mientras nosotros permanecemos obsesionados con la meta inicial. La intuición nos proporciona una visión general, pero requiere que actuemos con una mente clara y un corazón abierto en respuesta a **cualquier cosa** que pudiera surgir.

Cuando el corazón solloza por lo que ha perdido,
el espíritu ríe por lo que ha encontrado.

Aforismo sufí

Semillas y símbolos

Si nuestros planes van a cambiar y nuestras expectativas fallan en materializarse, ¿por qué entonces debemos comenzar la travesía? Si no hay garantías, ¿entonces por qué aceptar el riesgo?

Existen preguntas que son extremadamente válidas y no obstante, durante miles de años las personas han reunido sus pertenencias y se han ido a territorios desconocidos. Con frecuencia, el movimiento fue impulsado por una persecución o por el hambre, pero existen muchas historias de individuos y familias dejando atrás la seguridad, ya sea física o mental, y confiando en su sabiduría interna, siguen una visión o, más poéticamente, *una estrella viajera.*

Este es un asunto diferente a tomar un deseo flotando en el aire para satisfacer las necesidades personales y luego ponerse en la ruta para lograr esto. Cuando seguimos *nuestra* estrella hay una sensación de que no hay ninguna otra opción disponible, y la seguimos sin importar cuales sean las consecuencias. Esto no es una actitud egoísta, pero nos muestra que estamos listos para escuchar y depositar toda nuestra confianza en nuestra voz interior.

Recuerdo haber visitado un poblado hawaiano tradicional que había sido reconstruido para los turistas y que daba la impresión por su apariencia que, durante sus días de actividad, las personas no carecían de nada. Había abundancia de alimentos provenientes del mar y la tierra, las casas estaban bien construidas, el agua era copiosa y no obstante, mirando hacia el horizonte, especulaba qué había impulsado a los jóvenes a construir embarcaciones y dejar este mundo utópico para buscar otras tierras. No había medios de comunicación mundiales que transmitieran imágenes de lugares lejanos e imagino que los visitantes de paso deben haber constituido un acontecimiento raro en las vidas de estos isleños del Pacífico.

¿Sería que alguien recibió una visión en un sueño o el entorno idílico se volvió rutinario y carente de inspiración? Probablemente nunca lo sabremos, pero de manera inherente a la mente de todo ser humano está asentada la curiosidad y la fascinación, nutrida por las señales, las semillas y los mensajes de la intuición.

Una forma confiable de transmitir esta información es mediante el uso de *símbolos* que se sabe actúan principalmente a través del lado derecho del cerebro, introduciendo los pensamientos abstractos a nuestra conciencia.

Entonces, este impulso pasa a lo largo del cuerpo calloso (el enlace entre los hemisferios cerebrales) y al lado izquierdo del cerebro donde se manifiestan los pensamientos concretos.

Cualquiera que sea el símbolo, ya sea una imagen o una palabra, estimula nuestra mente para producir un recuerdo de algo familiar, así como una guía para un lugar más allá de la razón y del significado inmediato. Como menciona Jung: *"Todo símbolo revela y oculta"*. De esta manera, nuestra conciencia es seducida para llegar más allá de sus parámetros normales, proveyéndonos con tantas preguntas como existen respuestas.

Un ejemplo excelente de este fenómeno son los *círculos de los sembradíos* que durante los últimos 12 años han aparecido alrededor del mundo, pero en especial en los campos del sur de Inglaterra. Inicialmente tenían la forma de simples círculos y líneas rectas, lo cual era fácilmente susceptible a afirmaciones de fraude o al razonamiento científico. Sin embargo, la complejidad de las formaciones durante los últimos años desafía la habilidad de cualquier bromista, y la búsqueda todavía continúa para identificar al *diseñador* de estas obras maestras orgánicas.

Sabemos que existe una correlación entre los pensamientos de los individuos en este plano terrenal y el desarrollo de un "círculo", y muchos de estos diseños contienen símbolos pertenecientes a diversas religiones y culturas alrededor del mundo. Sin embargo, ofrecen mucho más como se ve reflejado en la geometría sagrada de las formaciones, que es tan específica y totalmente de acuerdo con los grandes símbolos de la antigüedad de las civilizaciones pasadas, como es el caso de las pirámides de Egipto.

Ahora resulta más evidente que los símbolos, formas y patrones tienen un efecto sorprendente en nuestro subconsciente, en especial aquellos que se conocen como los cuerpos *platónicos*, los cuales incluyen:

- Hexaedros (el cubo), con 6 caras.
- Tetraedros (la pirámide), con 4 caras.
- Octaedros, con 8 caras.
- Dodecaedros, con doce caras.
- Icosaedros, con 20 caras.

Estos cuerpos geométricos constituyen los bloques de construcción para muchas de las edificaciones sagradas encontradas en todo el mundo, en especial en los sitios de iniciación; éstas incluyen los templos mayas de Centroamérica, los templos de Grecia y los círculos de piedra de Gran Bretaña. Se cree que, en el pasado, sólo era necesario mirar estos edificios para experimentar un cambio en los patrones de las ondas cerebrales y por ende en la conciencia.

De forma similar, se han encontrado mandalas, mosaicos intrincados y laberintos, dentro de algunos sitios sagrados y parece que también se usaban para transformar el estado mental del individuo a uno que fuera más receptivo a una sabiduría superior y a las fuerzas curativas. La magnífica Catedral de Chartres en Francia, obviamente fue diseñada por un arquitecto que comprendía la naturaleza mística de la mente humana, ya que aquí encontramos hermosos vitrales emplomados, con exquisitos colores curativos, y un laberinto de iniciación, pintado de forma intrincada en el piso de la iglesia.

El simbolismo es un medio poderoso de expandir la conciencia y su surgimiento en esta época de nuestra evolución espiritual actúa como una llave para abrir los portales de nuestra conciencia que han permanecido sellados por tanto tiempo.

Los círculos de los sembradíos y otros fenómenos recientes están estimulando nuestra curiosidad y animándonos a conectarnos conscientemente con la *Mente nica* a través de las cualidades de la esperanza, la dicha y la compasión amorosa.

Imágenes visuales con colores y símbolos

Podemos usar cualquiera de las formas platónicas como un enfoque para la meditación y en el ejercicio siguiente trabajaremos con las primeras tres, incluyendo el símbolo de la vida eterna, la rueda o la esfera. Las cuatro imágenes seleccionadas se conocen por equilibrar los cuatro chakras inferiores (de la base, el del sacro, del plexo solar y el del corazón), pero es importante que durante la visualización se dejen a un lado todas las ideas preconcebidas relacionadas con estos centros de energía y se permita que la intuición lo guíe a uno.

Encuentra un lugar cómodo y siéntate o acuéstate. Cierra tus ojos y toma algunas respiraciones profundas, relajando tus músculos y disolviendo cualquier pensamiento indeseado de tu mente. Disfruta el espacio de paz y tranquilidad.

A continuación, te vendrán a la mente diferentes formas y colores, cada una con una breve descripción de su significado, aunque esto es menos importante que los sentimientos e impresiones que surjan dentro de ti durante la presentación de los símbolos.

- Así que, luego de aclarar tu mente, ve que se acerca hacia ti un *cuadrado, un cubo o un hexaedro rojo.*
  Observa mientras se mueve y gira frente a ti.
  Representa la *estructura, la forma, la seguridad y al elemento tierra.*
  Permite que se desarrollen tus impresiones y guárdalas en tu memoria.

- Luego de ver como el cuadrado o el cubo se retira y desaparece, aclara tu mente y ve venir hacia ti *un triángulo, pirámide o tetraedro naranja.*
  Éste representa *armonía* y *equilibrio* y *al elemento agua.*
  Ve esto desde todas las perspectivas y disfruta la experiencia.
  Mientras haces una nota mental de tus impresiones observa como el triángulo o la pirámide se desvanece.

- Aclara la mente, ve venir hacia ti un *diamante o un octaedro amarillo* el cual representa *expansión, "como es arriba es abajo", polaridad* y *el elemento aire.*
  Observa como se mueve y danza frente a tus ojos. Deja que tus impresiones se desarrollen, almacénalas en tu memoria y observa como se disuelven las imágenes.

- Aclara la mente, ve venir hacia ti un *círculo, una bola o una esfera verde* representando *el comienzo y el fin, la vida eterna, la continuidad y el elemento fuego.*
  Observa como la forma gira frente a ti impulsándote a formar tus impresiones personales.
  Almacena todos tus pensamientos en tu memoria, deja que la imagen se desvanezca.
  Regresa a tu tiempo actual, trae tu conciencia de nuevo al momento presente y escribe una nota de tus descubrimientos en tu diario.

Estas cuatro formas no sólo equilibran los cuatro chakras inferiores, sino que también expanden la conciencia e incrementan la salud en general. Tus observaciones pueden tener relación con las explicaciones proporcionadas anteriormente o puedes descubrir que los colores y los símbolos despertaron una parte latente de tu mente, produciendo otras imágenes o pensamientos que son pertinentes a tu situación actual. Este ejercicio, practicado de manera regular, y algunos otros que incluyan colores y símbolos, pueden aumentar enormemente tu capacidad para sintonizarte con tu intuición.

Capítulo 10

La relación verdadera: Uniendo el ego con el alma

Lo que llamamos el comienzo a menudo es el final. Y lograr un final es lograr un comienzo. El final es donde comenzamos.

T. S. Eliot, *Cuatro Cuartetos, "Un Poco Frívolo"*, **1942**

Ahora al final, alcanzamos nuestro destino final, el final de nuestro viaje y permanecemos triunfantes, mirando hacia atrás todo el camino por el que acabamos de viajar. Desde nuestra posición ahora podemos ver cómo serpentea y da vueltas, desapareciendo detrás de montañas o perdiéndose en un espeso bosque ascendiendo pronunciadamente hasta su conclusión final.

Es fácil reconocer las etapas que fueron de mayor reto, como entrar en el corredor o rehusarse a jugar los juegos de poder, y otras ocasiones cuando parecíamos planear por todo el camino, impulsados únicamente por la Inspiración Divina. Y recordamos que cuando emprendimos nuestro viaje el propósito principal había sido descubrir, confiar e integrar nuestra intuición, y todavía, a lo largo del camino, recibimos un bono, porque *nos habíamos encontrado a nosotros mismos.*

Descubrimos una fuerza que sólo era una llama parpadeante cuando salimos de casa, una sensación profunda de paz interior intocable por la vida diaria, un amor incondicional por nosotros mismos y por los demás, una claridad de mente que se eleva por encima de las emociones y de la lógica y una creencia irrefutable de que somos cocreadores de este hermoso universo.

En algún nivel hemos desarrollado una visión fina de la dirección y el propósito de nuestra alma, aunque todavía no estamos en posesión de un mapa. No obstante, ahora estamos deseosos de perseverar y esperar, reconociendo que la impaciencia y la frustración son únicamente barreras a la necesidad del ego de controlar el resultado. La programación del tiempo de los acontecimientos es muy importante para el Universo, aunque el tiempo no existe como un elemento en ningún otro plano excepto en el nuestro.

De hecho, la señal de un iniciado totalmente entrenado es **saber cuándo es el tiempo correcto** y entonces **emplear la suficiente fuerza o energía para lograr el resultado óptimo**. Sin aprender estas habilidades muchos esfuerzos valiosos son desperdiciados, en especial cuando apreciamos que hay disponible una cantidad finita y que otros placeres nos aguardan cuando usamos esta energía con sabiduría.

Conforme persistimos y experimentamos la vibración de nuestro corazón y nuestra mente resonando con el corazón y la mente del Universo, nos damos cuenta que la identidad propia en la que trabajamos tan intensamente para establecer, ha perdido su importancia y, con una facilidad aparente, la personalidad se une con el alma. En este estado de *unidad*, nuestra alma se regocija ya que se reconecta con su Fuente, y desde esta perspectiva observamos, con humor irónico, que este sentido de unidad siempre estuvo presente dentro de nosotros, pero que fue necesario experimentar la separación antes de que pudiéramos aceptar la totalidad.

Desde este estado de sabiduría interior, irradiamos rayos cálidos de gratitud a todos aquellos que nos han aconsejado y apoyado en nuestro peregrinaje y, conociendo que todo fin da nacimiento a un nuevo comienzo, esperamos la llamada dentro de las profundidades de nuestra alma, para emprender una nueva aventura, con la creencia absoluta que nuestra Intuición siempre estará presente para guiarnos.

Meditación para conocer nuestra intuición

Encuentra un sitio tranquilo y cómodo para meditar, y siéntate o acuéstate en él.

Toma algunas respiraciones profundas para relajar tus músculos y tu mente.

Visualízate a la entrada de una cueva. Sé consciente del entorno; para algunos habrá árboles y montañas, y para otros el mar y la arena. Sé consciente de los colores, los olores, los sonidos y la sensación del sol o del viento en tu rostro y tu cuerpo y de la fortaleza del suelo debajo de tus pies.

Ahora mira al interior de la entrada de la cueva. Ves un pasadizo alargándose en las profundidades de la roca; parece estar iluminado por una luz verde de origen desconocido, invitándote a caminar al interior de la cueva. Entras y viajas alejándote cada vez más del mundo exterior y no obstante te sientes seguro e impulsado a continuar.

Repentinamente, el pasadizo se abre a una caverna amplia; a través de un agujero en el techo penetra en la oscuridad un rayo de luz solar. Este es un lugar de belleza excepcional, encantador cuando la luz parece golpear los cristales multicolores incrustados en las paredes. Se escucha una música suave, aunque de nuevo, no hay evidencia de su fuente.

Aunque no tienes ningún recuerdo de haber entrado antes a esta cueva, tienes una sensación diferente de comodidad y familiaridad que te persuade a preguntar en voz alta:

"¿Puedo conocer al guardián de este hermoso templo en las profundidades de la Madre Tierra?"

Repentinamente, dentro de nuestra línea de visión, surge la imagen de un individuo que representa la intuición; la parte de ti mismo que es sabio y amoroso, y que te ha apoyado desde el nacimiento de tu alma.

Observa la apariencia de tu Intuición. Mientras se saludan uno al otro como amigos eternos, te das cuenta que el vínculo es el amor incondicional.

Disfruta la sensación de conexión profunda en todo tu ser y la paz, fortaleza y dicha que esto trae.

Tu Intuición está dispuesta a responder alguna pregunta que esté en tu mente en este momento:

Haz tu pregunta y recibe la respuesta.

Ahora es tiempo de dejar la caverna pero, antes de de irte, tu Intuición te ofrece un presente:

Recibe el presente. Puedes estar deseando darle algo a cambio: *Dale tu presente.*

Despídete y comienza a regresar por el pasadizo, sabiendo que tu Intuición siempre estará contigo como un amigo leal, amoroso y sabio.

Cuando sales a la luz del día, sabes que has cambiado por la experiencia y atesora el preciado regalo que recibiste.

Cuando estés listo, deja que tu conciencia regrese al momento presente y abre tus ojos lentamente. Toma nota de tus descubrimientos en tu diario y decide traer a la mente la imagen de tu Intuición cada vez que busques claridad y amor.

Epílogo

(De *"De Indio a Indio"*, un editorial del Indio Saskatchewan, derechos reservados por el Consorcio Onaway).

"Somos el pueblo, cada uno con su propio camino por recorrer, pero todos yendo al mismo epicentro. Desde mi camino veo el centro desde una perspectiva diferente a la tuya, pero ambos vemos este centro. No puedes hacer que camine por tu camino, con el fin de que vea como tú. No puedes bloquear mi camino de manera que ya no pueda caminar por el mío. Pero puedes decirme como se mira desde ***tu*** *perspectiva y yo te diré lo que veo desde la* ***mía****. Y si me ves sentado en la cuneta, por favor dime que me levante y que camine. Si te veo alejándote del centro entonces puedo intentar señalarte el camino de regreso.*

"Pero si decides danzar con un tambor diferente, e irte por un camino totalmente diferente, entonces no puedo hacer nada excepto desearte un viaje seguro. Así ocurre con nosotros. Compartimos un continuo de existencia en esta tierra. Nos interesamos por el futuro de aquellos que todavía no nacen y escuchamos a aquellos que se han ido antes. Somos miles de individuos, cada uno único, pero todos relacionados. Caminamos hacia el mismo centro, en un círculo sin final".

Lecturas sugeridas

Alice Bailey, *Psicología Esotérica*, 1934.

Del Intelecto a la Intuición, 1932.

Un Tratado sobre Magia Blanca, 1936; The Lucis Trust Ltd., Londres.

Barbara Marciniak, *Tierra*; Bear and Co., Santa Fe, 1988.

Carl G. Jung, *El Hombre y Sus Símbolos*, Arkana, 1964.

Edward Bach, *Los Doce Curanderos*; The C. W. Daniel Co. Ltd., 1933.

Hal Stone y Sidra Winkelman, *Abarcándonos a Nosotros Mismos; El Manual del Diálogo de Voz*; Nataraj Publishing, 1989.

James Redfield, *La Profecía Celestina*; Bantam Books, 1995.

John Kabat Zin, *A donde quiera que vayas ahí estarás* (Mindfulness Meditation); Hyperion, New York, 1994.

TÍTULOS DE ESTA COLECCIÓN

Del Masoquismo Utópico al Masoquismo Científico.
R. Mares

Desayunos para el Alma. *R. R. Cárdenas*

El Árbol de la Vida. *C. Cicero y Sandra Cicero*

El Viaje Infinito. *C. Schmill S.*

Espigas de Oro. *Dr. Marco A. Garibay*

Golf. La Ruta del Triunfador. *Richard Behrens*

Guía Espiritual para el Nuevo Milenio.
Aaron John Bethel

La Era de Cristal. *Sanamsin Omsandar*

Las Mejores Frases Célebres de México y el Mundo.
A. Morales

¿La Vida es Bella? *Marie-André Linteau*

Más Allá de lo Obvio. *Christine Page*

Un Arte de Vivir. *André Maurois*

Una Revolucionaria Forma de Pensar. *Charles Krebs*

Viajando. Donde el Chamanismo y la Psicología se Encuentran. *Jeannette M. Gagan, PhD*

Impresos en los Talleres de
ISTAG, S.A. DE C.V.
Donizetti No.193 Col. Vallejo
C.P. 07870 Mexico, D.F.